Derrick Widmer

Schweizerschulen im Ausland

und deren Dachorganisation

educationsuisse

Erinnerungen des Präsidenten an die Jahre 1998 bis 2016

www.novumverlag.com

Bibliografische Information
der Deutschen Nationalbibliothek:

Die Deutsche Nationalbibliothek
verzeichnet diese Publikation in
der Deutschen Nationalbibliografie.
Detaillierte bibliografische Daten
sind im Internet über
http://www.d-nb.de abrufbar.

Gedruckt in der Europäischen Union
auf umweltfreundlichem, chlor- und
säurefrei gebleichtem Papier.

© 2023 novum Verlag

ISBN 978-3-99146-011-4
Lektorat: Ruth von Gunten, Berne
Umschlagfoto und
Umschlaggestaltung: Ernst Schadegg
Layout & Satz: Schadegg Grafik, Zurich
Innenabbildungen:
Schweizer Schulen im Ausland und
educationsuisse, Dachverband aller 18
Schweizerschulen im Ausland

Die vom Autor zur Verfügung gestellten Abbildungen wurden in der
bestmöglichen Qualität gedruckt.

www.novumverlag.com

Climate neutral
Print product
ClimatePartner.com/16547-2201-1002

Abkürzungen	AAG	Ausbildung junger Auslandschweizer*innen
	AAK	Auslandschweizer Ausbildungskommission
	AJAS	Verein zur Förderung der Ausbildung junger Auslandschweizer*innen (seit dem 1. Januar 2014 mit educationsuisse fusioniert)
	ASO	Auslandschweizer-Organisation
	BAK	Bundesamt für Kultur (EDI)
	BSV	Bundesamt für Sozialversicherungen
	DELF-DALF	Zertifizierungsprogramm der französischen Sprache
	EDA	Eidgenössisches Departement für auswärtige Angelegenheiten
	EDI	Eidgenössisches Departement des Innern
	EDK	Schweizerische Konferenz der kantonalen Erziehungsdirektoren
	ETH	Eidgenössische Technische Hochschule
	FHNW	Fachhochschule Nordwestschweiz
	IB	International Baccalaureate (Internationale Matur)
	KVSBA	Kommission für die Vermittlung schweizerischer Bildung im Ausland
	NPO	Non-Profit-Organisation
	PH	Pädagogische Hochschule
	SBFI	Staatssekretariat für Bildung, Forschung und Innovation
	SSchG	Bundesgesetz über die Vermittlung schweizerischer Bildung im Ausland

Wahl eines neuen Präsidenten 1998 für die Dachorganisation des Komitees für Schweizerische Schulen im Ausland (KSA)

Es fing beinahe wie in einem Kriminalroman an: Am 30. August 1997 verstarb der KSA Präsident Claude Thalmann auf einer Bergwanderung an einem Herzversagen. Die KSA Vizepräsidentin, Regula Dettling-Ott, übernahm ab 1. September 1997 interimistisch das Präsidium des KSA.

Da Regula Dettling-Ott als KSA Vizepräsidentin beruflich als Professorin für Luftfahrtrecht und Rechtsanwältin bereits stark engagiert war, musste sie einen Nachfolger oder eine Nachfolgerin für den verstorbenen Präsidenten suchen und diesen dem Vorstand zur Genehmigung vorschlagen. So erhielt der Verfasser dieser Schrift eines Tages einen telefonischen Anruf von Regula Dettling für eine Besprechung in einem Restaurant im Flughafen Kloten (sie arbeitete damals als Juristin für die Swiss International Airline). Sie erklärte mir, dass sie einen neuen KSA Präsidenten suche und umschrieb diese Funktion. Es fiel mir sofort auf, dass es sich bei Frau Dettling um eine hochintelligente und sympathische Persönlichkeit handelte (Sie doktorierte in Bern summa cum laude). Ich fragte sie, wie sie überhaupt auf meinen Namen als Ersatz für den verstorbenen Präsidenten gekommen sei. Sie antwortete mir, dass sie zusätzlich zum Studium in der Schweiz auch an der Georgtown University in Washington D.C. studiert habe (Research as a Kronstein fellow/scholar-ship holder of the Swiss National Science Foundation). Es gebe in der Schweiz einen Klub ehemaliger Absolventen dieser amerikanischen Uni. Sie habe deshalb Peter Hutzli, einem ehemaligen Absolventen der Georgetown University angerufen und sich nach möglichen Kandidaten erkundigt. Dieser sei Sekretär des Vororts in Zürich, entsprechend der heutigen Terminologie Mitglied der Geschäftsleitung von ‹economiesuisse›, dem Spitzenverband der schweizerischen Wirtschaft, der früher ‹Vorort› genannt wurde. Diese Organisation vertritt als oberster Dachverband der Schweiz die Interessen der wettbewerborientierten international vernetzten und verantwortungsbewussten Schweizer Wirtschaft. Regula Dettling erklärte mir, Peter Hutzli habe mich spontan empfohlen und dabei betont, dass ich für den Zementkonzern Holcim viel in der ganzen Welt herumreise und mehrere Sprachen spreche und gut vernetzt sei. Peter Hutzli kannte mich gut, da wir viele Jahre zusammen in der Militärjustiz aktiv waren und wir beide unsere militärische Karriere im Rang eines Obersten abschlossen.

Regula Dettling-Ott
wurde 1997 interimistische KSA Präsidentin.

Peter Hutzli
Mitglied der Geschäftsleitung von «economiesuisse».

Frau Dettling erkundigte sich bei dieser Besprechung, ob ich Erfahrung in Fragen der Ausbildung habe. Ich erklärte ihr, dass ich als ganz junger Student in Oberbipp Stellvertreter einer Primarlehrerin während 6 Wochen gewesen sei. Für Ausbildungsfragen hätte ich schon immer ein Interesse gehabt. Abgesehen davon, dass ich auch in Chicago, Mexiko und Boston-Harvard studiert habe, sei ich im internationalen Holcim Zementkonzern unter anderem auch für die Konzern-Ausbildung verantwortlich. Von den Schweizerschulen im Ausland hätte ich bis heute leider nur wenig gehört.

So kam es, dass ich ab 1998 das KSA präsidierte und dies mit Freude und Begeisterung während 18 Jahren tat und somit stets eng mit den Schweizer Auslandsschulen verbunden war.

Die ersten Ereignisse meiner neuen Tätigkeit

Im Mai 2000 konnte das neue Schulgebäude in Cuernavaca Mexiko eingeweiht werden. Im Rahmen eines Unterstützungskredit der Pro Patria konnte das KSA einen namhaften Beitrag an den Neubau leisten. Die 1992 von Regula Dettling gegründete Zweigschule

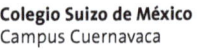

Colegio Suizo de México
Campus Cuernavaca

Cuernavaca war bis im Mai 2000 in einem gemieteten Wohnhaus untergebracht. Regula Dettling-Ott wohnte damals mit ihrem als Journalisten für Schweizer Zeitungen tätigen Ehemann und ihren Kindern in Cuernavaca. Sie war von 1992 bis 1995 Direktorin der Schule. Daneben habilitierte sie während dieser Zeit noch auf dem Gebiet des internationalen Luftverkehrsrechts.

Im Juli 2000 verstarb im Alter von 52 Jahren die langjährige Geschäftsführerin, Frau Kathrin Wyss, an einer schweren Krankheit.

Der Vorstand des KSA wählte im September Frau Irène Spicher als Nachfolgerin. Sie hatte das Amt ab dem Frühjahr 2000 interimistisch versehen und war zuvor wiederholt während krankheitsbedingten Absenzen von Kathrin Wyss im KSA tätig gewesen. Irène arbeitete vor ihrer Ernennung im Sekretariat der Auslandschweizer-Organisation. Sie wurde von Rudolf Wyder, dem Direktor dieser Organisation (ASO), der gleichzeitig auch Vorstandsmitglied des KSA war, als neue Geschäftsführerin empfohlen.

Irène Spicher
Geschäftsführerin der
KSA/educationsuisse
(2000 – 2015)

Ehemalige Schüler erzählen

Michel Grutter de la Mora
Professor für Atmosphärische Wissenschaften in Mexiko.
Bild unten: **Schweizerschule Mexiko Stadt**

Als Sohn einer mexikanischen Mutter und eines Schweizers, der in den 1960-er-Jahren nach Mexiko ausgewandert war, kam ich von klein an mit der schweizerischen und der mexikanischen Kultur in Kontakt. Als Kind besuchte ich die Schweizerschule Mexiko. Deutsch zu lernen, mit allen den schwierigen Regeln und den Unregelmässigkeiten, schien mir ein Zeitverlust. Ich fragte mich oft: Wozu soll ich eine Sprache lernen, die ich nie gebrauchen werde? Meine Interessen lagen eher bei der Technik und meine Neugier galt besonders den Naturwissenschaften. Aber ich machte trotzdem weiter und kam schliesslich in den Genuss einer akademischen Ausbildung. Der Unterricht war spannend, die Lehrer gut, teils hervorragende Persönlichkeiten, und es entstanden gute Freundschaften. Ich entwickelte in dieser Zeit eine Leidenschaft für Sport und Kunst, machte unvergessliche Erfahrungen. Durch das Aufwachsen in einer Stadt mit einem rasanten Bevölkerungswachstum habe ich gemerkt, dass das Erlernen von Sprachen, was in der Schweizerschule eine wichtige Rolle spielte, der Schlüssel zur Welt und den Kulturen ist.

Meine Familie ist kurze Zeit nach meinem Schulabschluss an der Schweizerschule Mexiko in die Vereinigten Staaten umgezogen. Dort fing ich ein Chemiestudium an der Universität von Texas an. Etwas zeigte sich sehr bald: Die solide Ausbildung an der Schweizerschule verschaffte mir einen klaren Vorteil gegenüber den meisten anderen Studenten. Das Lernsystem in den USA war fabelhaft. Nicht nur die Infrastruktur, sondern auch die Informationsquellen, die zur Verfügung standen und stehen, garantieren, dass alle, die lernen wollten, dies auch uneingeschränkt tun können. Mit dem Diplom Bachelor of Science in der Tasche hätte ich die Möglichkeit gehabt, weiter in den USA zu studieren. Ich entschied mich aber, mein Glück in der Schweiz zu versuchen. Nach einer Probezeit von einem Jahr, um die Äquivalenz mit den Schweizer Diplomen nachzuweisen, wurde ich am Institut für Physikalische Chemie an der Uni Basel als Doktorand angenommen. Dort

nahm ich an einem Projekt teil, das die Zusammensetzung der interstellaren Wolken experimentell untersuchte. Ich blieb insgesamt fünf Jahre in Europa. Es war eine Zeit, die mein Leben geprägt hat, vor allem durch das, was ich gelernt und gesehen habe. In dieser Zeit habe ich auch meine Frau kennen gelernt, eine Ungarin, die bis heute meine Partnerin und beste Freundin ist.

Die Entscheidung, nach Mexiko zurückzukehren, wurde ein halbes Jahr nachdem ich meine Dissertation verteidigt hatte, konkreter. Wichtige Ereignisse, wie der Umstand, dass ich Vater wurde und dass ich ein Stipendium vom Schweizerischen Nationalfonds (SNF) zur Förderung meiner wissenschaftlichen Forschung bekam, haben die Entscheidung stark beeinflusst. An den SNF hatte ich den Antrag gestellt, das Problem der atmosphärischen Verschmutzung in Mexiko-

Stadt wissenschaftlich zu untersuchen. Die Nationale Universität in Mexiko (UNAM) hat mich mit offenen Armen empfangen und mir kurz danach den ersten Arbeitsvertrag unterbreitet. Mein Leben hier in Mexiko ist sehr erfüllt. Ich engagiere mich weiterhin für einen nachhaltigen Umgang mit der Umwelt und für verschiedene Erziehungsprojekte. Fortschritte zu erzielen, ist eine grosse Herausforderung. Belohnt wird man, wenn man ein Ziel erreicht – auch in Form von Anerkennung. Meine beiden Kinder, sie sind 11 und 13 Jahre alt, haben schon ihre eigene Laufbahn begonnen – und zwar am selben Ort, an dem ich damals gestartet bin. Sie gehen jeden Morgen mit Begeisterung in die Schweizerschule in Mexiko. Ihr Vater sieht mit Stolz, wie sie wachsen und stellt sich vor, wie sie eines Tages ihren eigenen Weg gehen, nämlich den, der sie am glücklichsten machen wird. (*Publiziert 2012*)

Allgemeine Übersicht der Tätigkeiten der Schweizerschulen im Ausland und die Unterstützung des Bundes

Zum besseren Verständnis der später im Detail beschriebenen Aktivitäten des KSA bzw. educationsuisse in den Jahren 1998 bis 2016 wird zuerst eine Übersicht der Tätigkeiten der Schweizerschulen im Ausland vermittelt.

In der Schweiz sind die Schweizerschulen im Ausland kaum bekannt. In ihren Gastländern werden sie als schweizerische Qualitätsprodukte ausserordentlich geschätzt: Die heute 18 vom Bund anerkannten und geförderten Auslandsschulen. Obwohl ihre Bedeutung als Faktoren schweizerischer Präsenz im Ausland unbestritten ist, hatten die Schulen lange Zeit – bis zum neuen Schweizerschulengesetz in Kraft seit 1. Januar 2015 – mit existentiellen Problemen zu kämpfen. Die prekäre wirtschaftliche Situation stellte hier und dort die Qualität des Angebots allmählich in Frage und gefährdete die Existenz mehrerer dieser traditionsreichen Institutionen.

Die heute 18 Auslandsschulen wurden nicht durch den Willen und das Geld des Staates gegründet, sondern durch die Initiative der Auslandschweizer, Schweizer Unternehmen im Ausland sowie Sympathisanten und Sponsoren. Es handelt sich bei diesen Auslandsschulen durchwegs um Privatschulen auf gemeinnütziger Grundlage, gegründet und getragen von Schweizer Auswanderern, von einem schweizerischen Patronatskanton gefördert (zuständig für die Pädagogik) und vom Bundesamt für Kultur (BAK) überwacht.

Das pädagogische Angebot aller Schulen deckt die obligatorische Schulpflicht (Primar- und Sekundarstufe I) ab. Auch führen alle eine Kindergartenabteilung. Die meisten Schulen bieten darüber hinaus einen Gymnasialabschluss (Sekundarstufe II). Es besteht zudem die Möglichkeit, die Schule mit einer kantonalen bzw. eidgenössischen Maturität abzuschliessen. Daneben setzt sich zunehmend das International Baccalaureat (IB) als weltweit verbreiteter Hochschulzugangsausweis durch.

Die Schweizerschulen im Ausland definieren sich als Begegnungsschulen. Sie stehen Kindern unterschiedlicher Nationalität und sozialer Herkunft offen. Ihr Bildungsangebot entspricht schweizerischen pädagogischen Standards und wird zugleich den Anforderungen der Gastländer gerecht. Unterrichtssprachen aller Schweizerschulen sind Deutsch sowie die Sprache des Gastlandes und Englisch als dritte Unterrichtssprache. In Bogotà wird zusätzlich eine französischsprachige Abteilung geführt. An der Schule Barcelona werden sogar fünf Sprachen unterrichtet. In Mexiko werden vier Sprachen unterrichtet und freiwillig kann auch Mandarin gelernt werden. Die Schülerschaft setzt sich zusammen aus Schweizer Kindern, deren Anteil im Durchschnitt sich um 20% bewegt, tendenziell jedoch abnehmend ist. Dazu kommen die Kinder des Gastlandes sowie Staatsangehörige dritter Länder (vorab Deutschland und Österreich). Im Jahr 2001 unterrichteten knapp 900 Lehrpersonen – davon 260 Schweizer Lehrpersonen – insgesamt 8 000 Schüler*innen, davon 1 800 Schweizer Kinder.

■ 13

■ 1

■ 18

1 Bangkok	10 Madrid
2 Barcelona	11 Mailand
3 Bergamo	12 Mexiko
4 Bogotá	13 Peking
5 Como	14 Querétaro
6 Catania	15 Rom
7 Cuernavaca	16 Santiago
8 Curitiba	17 São Paulo
9 Lima	18 Singapur

Bern (Geschäftsstelle)

Private Initiative entscheidend

Die Schweizerschulen im Ausland sind klassische Nonprofit-Organisationen NPO. Ihre Gründung ist in allen Fällen der Initiative der lokalen Schweizergemeinschaft zu verdanken. Die ältesten Schweizerschulen finden sich in Italien, wo protestantische Deutschschweizer im 19. und beginnenden 20. Jahrhundert das Bedürfnis nach konfessionell neutralen Schulen mit Unterrichtssprache Deutsch verspürten.

Die zweite Welle von Schulgründungen fand während und unmittelbar nach dem Zweiten Weltkrieg statt. Diese ist darauf zurückzuführen, dass Schweizer Eltern eine Alternative zu nationalsozialistisch angehauchten Schulen bzw. einen Ersatz für geschlossene deutsche Auslandsschulen suchten. Eine dritte Gründungswelle nach 1960 ist Expats zu verdanken, die ihre Kinder nach einigen Jahren Auslandaufenthalt den Wiedereinstieg ins schweizerische Schulsystem sichern wollten. In jüngerer Zeit haben sich einzelne Schulen zusammengeschlossen, nämlich Mexico City, Cuernavaca und Queretaro sowie São Paulo und Curitiba.

Die 1963 in Rio de Janeiro, Brasilien, gegründete Schule verlor 2004 die Anerkennung und wurde ab 1. Januar 2017 als Swiss International School der Kalaidos Bildungsgruppe der Schweiz geführt.

Die Schweizerschule in Accra/Ghana musste 2012 auf die Anerkennung einer vom Bund anerkannten Schweizer Schule verzichten. Die Auslandschweizer Gemeinschaft in Accra war in den letzten Jahren so stark geschrumpft, dass kein lokales Schweizer Engagement mehr vorhanden war. Auch war der Anteil an Schweizer Kindern weit unter den gemäss Bundesgesetz erforderlichen Prozentsatz gesunken (bis Ende 2014 in Kraft).

Neugründungen

Hingegen erfolgte 2011 eine Neugründung in Caslino, Como als Filialschule Cadorago von Mailand. Dies war vor allem das Verdienst des Vorstandsmitglieds Robert Engeler. Robert war viele Jahre Präsident der Schule Mailand und in weiteren Gremien in Italien sehr aktiv.

Nach dem Rücktritt des educationsuisse Präsidenten Derrick Widmer im Jahr 2016 konnte in Peking 2017 eine anfangs noch kleine Schweizer Schule eröffnet werden. Damit gab es wiederum 18 Schweizerschulen im Ausland.

Irène Spicher hatte als Geschäftsführerin die spätere Gründungspräsidentin Barbara Stäuble mehrmals an die jährlichen Konferenzen in der Schweiz eingeladen. Der vielleicht entscheidende diesbezügliche Beitrag der Geschäftsführerin war, dass sie dem Gründungs-Gremium der Schule in Peking einen Internetauftritt auf der educationsuisse Seite anbot. Damit erhielt dieses Gremium unabdingbare Glaubwürdigkeit, die das Finden von Sponsoren und Mitgründern erst möglich machte. Barbara Stäuble hat in Physik mit Auszeichnung studiert und doktoriert und war stellvertretende Dekanin In Malaysia, Professorin in Kolumbien und in Oman.

Barbara Stäuble
Mitglied des Trägervereins der Schweizer Schule in Beijing und Vorstand educationsuisse

Mehrere Auslandsschulen sind im Laufe der Zeit aus unterschiedlichen Gründen geschlossen worden. So die traditionsreichen Institute in Florenz, Genua und Neapel zu Beginn der 80er-Jahre. Bereits früher hatten die Schulen in Alexandria, Kairo, San Remo und Luino ihre Tore schliessen müssen. Leider musste auch Rio de Janeiro (gegründet in 1963) in andere Hände übergeben werden. 2004 Verlust der Anerkennung, jedoch für einige Zeit noch Bundesunterstützung gemäss Art. 10 AAG.

An mehreren weiteren Schulen leistet der Bund Beiträge für eine oder mehrere Schweizerische Lehrpersonen, die an einer internationalen Schule arbeiten. So z. B in Tokyo, London, New York. An zahlreichen weiteren Standorten hat die lokale Schweizergemeinschaft punktuelle Ausbildungsangebote entwickelt (z. B. Kurse in Schweizer Landessprachen, Geographie) oder sie beteiligt sich an Trägerschaft und Betrieb von Schulen von Drittstaaten (v. a. Deutschland und Frankreich).

Fazit: Dank privater Initiative schweizerischer Auswanderer sind im pädagogischen Bereich – wie auch auf anderen Gebieten – eine beachtliche Zahl prominenter, langlebiger Institutionen entstanden. Die Auslandsschulen sind einerseits Kristallisationspunkte der jeweiligen Schweizergemeinschaft. Andererseits leisten diese NPO unserem Land als Zentrum hochwertiger Netzwerke und Stützpunkte schweizerischer Auslandspräsenz wertvolle Dienste. An allen Schulstandorten ist die Nachfrage nach Ausbildungsleistungen gemäss schweizerischen Standards ungebrochen. In krassem Kontrast zur Bedeutung und dem Marktpotenzial der Schweizer Auslandsschulen stand lange Jahre deren ökonomische Prekarität. Diese finanziellen Probleme und deren viele Jahre dauernde Lösung werden später ausführlich bei den detaillierten Tätigkeiten des KSA/educationsuisse beschrieben.

Konferenz der
Schweizerschulen
in Basel 2015

Eine beachtliche Reihe von Institutionen und Gremien, behördlichen und privaten, im In- wie im Ausland, befassen sich unter verschiedenen Gesichtspunkten mit den Schweizerschulen im Ausland. Auf staatlicher Ebene sind dies insbesondere:

Bundesamt für Kultur (BAK) im Eidgenössischen Departement des Innern (EDI) ist betraut mit dem Vollzug des Bundesgesetzes und damit subventionierende Stelle.

Kommission zur Ausbildung junger Auslandschweizer*innen AAK (vom Gesetz geforderte und vom EDI eingesetztes beratendes Organ für Fragen des Gesetzesvollzug; darin vertreten sind die wichtigeren an den Schulen interessierten Behörden und Organisationen).

Auslandschweizerdienst (später Konsularischer Dienst genannt) im Eidgenössischen Departement für auswärtige Angelegenheiten (EDA) (hat als Stabsstelle für die gesamte Auslandschweizerpolitik des Bundes auch in Fragen der Ausbildung im Ausland ein gewichtiges Wort mitzureden).

Botschaften und Konsulate an Schulstandorten (ihnen obliegt gemäss Gesetz eine lokale Aufsichtsfunktion).

Jede Auslandsschule muss einen *Patronatskanton* haben. Zu ihren Aufgaben gehört insbesondere die fachliche Beratung und Betreuung der Schulen, Lieferung von Unterrichtsmaterialien sowie die Hilfe bei den Rekrutierungen und der Weiterbildung von Lehrkräften; einzelne Kantone gewähren ihren Patenschulen gelegentlich Investitionsbeiträge; die Patronatskantone sind ihrerseits in einer Vereinigung zusammengeschlossen.

Leistungsfähiges Lobbying
Neben den lokalen Schulträgerschaften befassen sich auf der NPO-Ebene insbesondere die folgenden Institutionen und Gremien mit den Schweizerschulen im Ausland:

Komitee für Schweizerschulen im Ausland KSA: Gegründet 1951 als Interessenvertretung und Backoffice der Auslandsschulen; heute federführend in der betriebswirtschaftlichen Betreuung der Schulen, für die Sozialversicherungen der Lehrerschaft sowie in Inland-PR für genügend Bundesbeiträge und Ausbildungsprojekte im Ausland. Stiftung für Schweizer Schulen im Ausland (durch das KSA gegründete Trägerschaft für die Anstellung von Schweizer Lehrkräften im Ausland).

Konferenz der Präsident*innen und Direktor*innen der Schweizer Schulen im Ausland (vom KSA organisierte jährliche Treffen, ursprünglich als Plattform für Weiterbildung und Erfahrungsaustausch unter Schulleiter*innen, zunehmend in der Rolle eines informellen Forums zur Definition gemeinsamer Anliegen).

Auslandschweizer–Organisation ASO, heute Swiss Community genannt, als umfassende, vom Bund anerkannte Interessengemeinschaft der Fünften Schweiz, d. h. der heute 770 000 Schweizer*innen im Ausland. Die Swiss Community ist auch an der Vertretung der Anliegen der Schweizerschulen massgeblich beteiligt; ihr Einflusspotential beruht in erster Linie auf dem 150-köpfigen Auslandschweizerrat, welcher Delegierte der Schweizergemeinschaft im Ausland und Mitglieder der eidgenössischen Räte aus grösseren Parteien zusammenführt. Der KSA-Präsident war Mitglied dieses Gremiums.

Fazit: Zur Begleitung, Abstützung und Förderung der Auslandsschulen ist in der Schweiz ein Dispositiv von bemerkenswerter Komplexität entwickelt worden. Der Eindruck eines institutionellen Dschungels täuscht indes. Die Aufsplittung der Zuständigkeiten ist Spiegelbild einer facettenreichen Realität (funktionelle Vielfalt von Pädagogik über Betriebswirtschaft bis zum Lobbying; kantonale Schulhoheit vs. Zuständigkeit des Bundes für Aussenbeziehungen; Schnittzone Staat-NPO). Die Zuständigkeiten der einzelnen Institutionen und Gremien sind grundsätzlich klar fokussiert und gegeneinander abgegrenzt. Dennoch wird sich der unbefangene Betrachter zumindest die Frage stellen: Wie krisenfest ist dieses komplexe Dispositiv? Und wie steht es um die Verhältnismässigkeit desselben angesichts von Subventionsvolumens (heute CHF 20 Mio.) und Empfängerzahl (18 Schulen)?

Zusammenfassung der Tätigkeiten und Herausforderungen des KSA für die Auslandsschulen von 1994 bis 1997 (d.h. vor der Zeit von Derrick Widmer)

Bereits im KSA Jahresbericht 1993 wird vermerkt: «Seit der Gründung des KSA 1951 wurde der Betrieb der Geschäftsstelle (Dachorganisation) durch Mittel der Pro Patria/Schweiz. Bundesfeierspende gesichert. Da die Bundesfeierspende auf einmal keine Institutionen mehr unterstützt hat, sondern nur noch Projekte, sah sich das KSA gezwungen, sich nach neuen Geldquellen umzusehen. Es wurde in drei Richtungen gearbeitet: Privatindustrie, Eidgenossenschaft und erneut Bundesfeierspende. Die Bundesfeierspende konnte jedoch nur noch für bauliche Investitionen der Schulen im Ausland verwendet werden. Es konnten auch einige Firmen für die Mitgliedschaft beim KSA gewonnen werden. Erst im Jahr 2000, gestützt auf Art. 45 bis der Bundesverfassung, erhielt das KSA erstmals Bundessubventionen, die durch den Auslandschweizerdienst des EDA ausgerichtet wurden. Der Beitrag der Pro Patria (Bundesfeierspende) war eine einmalige Zuwendung von CHF 800 000 für die nächsten sechs Jahre. Diese Zuwendung wurde vom KSA im Umfang von ungefähr 10% der gesamten Rechnung für bauliche Investitionen der Gesuchstellenden Schulen weiter gespendet.

Frau Bundesrätin Ruth Dreifuss äusserte sich bei verschiedenen Gelegenheiten, dass die Schweizerschulen in Europa geschlossen werden und die eidgenössische finanzielle Unterstützung der Schweizerschulen in Übersee gekürzt werden sollten. Es handle sich bei den Auslandsschulen ohnehin nur um Schulen für Kinder von privilegierten Eltern.

Anfangs November 1993 wurde bekannt, dass der Budgetkredit 1994 um 10 Prozent gekürzt werde.

Anlässlich des Auslandschweizer-Kongresses 1995 versicherte Bundesrätin Ruth Dreifuss, dass der Kredit für die Ausbildung der jungen Auslandschweizerinnen und Auslandschweizer bis 1998 von ihrem Departement nicht gekürzt werden wird. Sie kündigte jedoch eine Bedarfsanalyse an, versprach aber, die Entscheide erst nach Abwägung aller Konsequenzen zu fällen.

Eine Umfrage der Schulen ergab, dass im Schuljahr 94/95 Mindereinnahmen von CHF 620 000 entstanden sind und zwar für Schüler deren Eltern nicht oder nur teilweise das Schulgeld aufbringen konnten. Zehn Prozent der insgesamt 5700 Schüler erhielten Teil- oder Vollstipendium. Damit war das Argument der sozialistischen Bundesrätin Dreifuss, an Schweizerschulen seien die Schulgelder nur für Kinder von reichen Eltern erschwinglich, nicht mehr haltbar.

In einem Artikel der NZZ am Sonntag vom 10.04.2022 wurde gefragt: «Sind Privatschulen nur für Reiche? Meist richten sich private Schulen an gut verdienende, bildungsnahe Eltern. Doch in der Schweiz gibt es Ausnahmen, die sich auch weniger Gutverdienende leisten können. Knapp sechs Prozent aller Kinder in der Schweiz besuchen eine Privatschule. Den Mittelwert an jährlichen Schulgebühren beziffert die Agentur für Privatschulen auf 24000 Franken. Eine gewinnorientierte Privatschule finanziert sich über hohe Schulgelder, selektiert dadurch die Schülerschaft und definiert damit die eigene Exklusivität. Privat heisst privilegiert in den meisten Fällen. So kostet etwa am Institut Montana Zugerberg ein Jahr Gymnasium über 30000 Franken. ‹Wir betreuen an unserer Schule keine Sozialfälle, was als Privatschule auch nicht unsere primäre Ausrichtung oder Aufgabe ist›, sagt Velia Tricoli, Leiterin External Relations am Institut Montana. Dafür sei das Schweizer Schulwesen zuständig.

Bei Privatschulen haben Sozialprogramme, welche Kindern und Jugendlichen aus Familien ohne finanzielle Ressourcen den Zugang zu Privatschulen ermöglichen, Seltenheitswert, doch man findet sie. Als sozial verantwortungsbewusst positionieren sich vor allem gemeinnützige Privatschulen, die nicht gewinnorientiert arbeiten, sondern von Stiftungen, religiösen Organisationen, Vereinen und Gönnern getragen werden. Sie setzen dabei oft auf einkommensabhängige Schulgelder.»

Interessant in diesem Zusammenhang ist der Personalaufwand in der Schweiz an öffentlichen Schulen pro Schüler*in: In den Kantonen Basel-Stadt, Zug und Zürich belaufen sich diese Kosten auf mindestens 17000 CHF und liegen deutlich über dem kantonalen Durchschnitt von 13000 CHF. In Zürich kostet ein Schüler pro Jahr 27671 CHF. Mit anderen Worten die Schulbildung kosten im Durchschnitt 200000 CHF pro Schüler*in für die obligatorische Schulbildung. Die Durchschnittskosten pro Schüler*in der Sekundarstufe II beträgt 31960 CHF. Ein Hochschulstudium kostet pro Jahr im Durchschnitt 35000 CHF.

Im KSA-Jahresbericht 1996 wurde vermerkt, dass das KSA ein Verein sei, der die 16 anerkannten Schweizerschulen im Ausland im nicht-pädagogischen Bereich unterstützt und ihre Interessen in der Schweiz wahrnehme. Die Geschäftsstelle des KSA wurde im Mandatsverhältnis vom Auslandschweizer-Sekretariat geführt. Dank Einsatz des KSA und der Auslandschweizer-Organisation (ASO) konnte erreicht werden, dass die Schweizer Lehrkräfte aller Schulen in die obligatorische Krankenversicherung aufgenommen wurden. Die Verhandlungen waren als Folge des revidierten Krankenversicherungs-Gesetzes notwendig geworden, welches auf dem Territorialprinzip beruht.

Im KSA-Jahresbericht 1997 wurde erwähnt, dass in den Regierungsrichtlinien für die laufende Legislaturperiode 1995 bis 1999 die folgende Stossrichtung beschlossen wurde: «Abbau der Regelungsdichte und/oder der finanziellen Aufwendungen». Das Bundesamt für Kultur (BAK) erhielt vom Bundesrat den Auftrag, mit den Arbeiten im Hinblick auf eine Gesetzesrevision zu beginnen und dabei folgende Punkte zu beachten:

Lockerung der Subventionsvoraussetzungen

Prüfung eines Endtermins der Bundeshilfe an die Schweizerschulen in Europa.

Die vom BAK im bundesrätlichem Auftrag vorbereitete Gesetzesrevision weckte das Interesse der Kommission für Wissenschaft, Bildung und Kultur des Nationalrats (WBK-N). Sie führte dazu ein Hearing durch, an dem das BAK und Vertreter der Schweizerschulen im Ausland ihre Standpunkte darlegten. Im Anschluss an diese Aussprache teilte die WBK-N dem Bundesrat mit, dass sie einen Abbruch der geplanten Gesetzesrevision wünsche. Der Bundesrat trug dieser Willensäusserung unverzüglich Rechnung.

Lösung von betriebswirtschaftlichen Problemen und Lobbyarbeit bei Parlamentarier*innen und kantonalen Erziehungsdirektor*innen. Ein Auftritt vor der Aussenpolitischen Kommission des Nationalrates zur Aufstockung von Bundesbeiträgen

Kurt Häfeli
Business Consultant

Die im Jahr 2000 drei Tage dauernde Präsident*innen- und Schulleiter*innen Konferenz in Zug waren neben pädagogischen und organisatorischen Aspekten schwergewichtig auf betriebswirtschaftliche Fragen ausgerichtet. Ein grosses Kompliment ging an Kurt Häfeli, Business Consultant. Ausgehend von der ihm vom KSA in Auftrag gegebenen Studie ‹Benchmarking›, hat er eine umfassende Analyse der finanziellen Situation der Schulen erstellt und viele Schulen vor Ort besucht. Dabei half ihm sein Charme und sein natürlicher Humor auch in schwierigen Situationen. Er wurde später für seine Verdienste zum Ehrenmitglied ernannt.

Kurt Häfeli mailte mir im April 2022 den folgenden Beitrag: «Wie bereits ausgeführt, war die Verbesserung der Wirtschaftlichkeit und insbesondere der finanziellen Transparenz bei den Schulen ein wesentliches Ziel des Präsidenten Derrick Widmer. Die Präsident*innen und Schulleiter*innen Konferenz 2000 sollte dazu den Start für die Anstrengungen bilden. Ich wurde beauftragt, in einer Präsentation die Schulleiter*innen mit den erhältlichen Finanzdaten ‹ihrer› Schule zu konfrontieren. Keine leichte Aufgabe!»

«Erstens waren in der Mehrzahl der Schulen deren Leiter kaum in finanziellen Belangen involviert und noch weniger dafür verantwortlich: Die Träger der meisten Schulen sind (Schweizer-) Vereine mit einer schweizerischen Organisation, d. h. mit dem nebenamtlichen Vorstand und einem Mitglied als Kassier. Wie weit der Schulleiter informiert oder sogar involviert ist, war von Schule zu Schule unterschiedlich – jedoch meistens gering. Und diesen Schulleitern sollen nun im Beisein seiner Kollegen der übrigen Schulen die Daten ‹seiner› Schule gezeigt und damit ein (damals en vogue gewesenes) Benchmarking erzielt werden? Da sind negative Reaktionen gegen den Vortragenden mit Sicherheit zu erwarten! Zweitens besteht das Auditorium aus sehr qualifizierten Lehrkräften, die neben ausserordentlichen Fachkenntnissen rhetorisch voll bewandert sind. Wie wird unter diesen Umständen, die Benotung des Referenten ausfallen?

Doch es kam anders als erwartet: Die Konferenzteilnehmer ertrugen die vielen Zahlen ohne Kommentar! Und damit war – wenigstens für mich – das Projekt so richtig gestartet».

Wechsel im Auslandschweizerdienst des EDA

Im Mai 2000 übernahm Vorstandsmitglied Botschafter Füglister als Chef des Auslandschweizerdienstes im EDA den Auslandposten in Tansania. Botschafter Walter Thurnherr, der spätere Bundeskanzler, nahm als Vertreter des EDA neu Einsitz im Vorstand des KSA.

Walter Thurnherr
Botschafter und der spätere Bundeskanzler

Aufgaben der Geschäftsstelle

Die administrativ ins ASO integrierte Geschäftsstelle des KSA versorgte schon damals die Schulen im üblichen Rahmen mit einer Vielfalt von Dienstleistungen. Diese reichten von der Mitwirkung bei der Rekrutierung und Anstellung von Lehrkräften und der Regelung ihrer Sozialversicherungsangelegenheiten über Mittelverwaltung (Subventionen, Mitgliederbeiträge usw.) und Abwicklung des Zahlungsverkehrs bis zum Erteilen von Auskünften an Medienschaffende und weitere Interessierte Kreise.

Im Jahr 2001 konzentrierte das KSA alle seine Kräfte auf die Aufstockung des Bundeskredits. Dies sehr erfolgreich: Es gelang, eine schrittweise Erhöhung von CHF 15 Mio. 2001 auf 18.9 Mio. im Jahr 2004 zu erreichen.

Auftritt vor der Aussenpolitischen Kommission des Nationalrates

Im Zusammenhang mit der Subventionserhöhung wurde eine Anhörung des KSA vor der «*Aussenpolitischen Kommission des Nationalrats*» anberaumt. Der KSA Präsident musste persönlich antreten. Als ich im Bundeshaus in Bern die 30 Nationalräte unter dem Präsidium von NR Walter Frei (Besitzer Emil Frei AG) vor mir sah, wurde es mir etwas mulmig zumute, da ich wusste, dass ohne Segen dieses Gremiums höchst wahrscheinlich die Schlacht um höhere Bundesbeiträge verloren war. Ich hatte zum Voraus bei der Bundeshaus Administration einen Projektor verlangt zum Vorführen meiner farbigen Folien mit den Finanzzahlen der Schulen und für die konsolidierte Rechnung aller Schulen zusammen. Nur dank der hervorragenden Arbeit von Kurt Häfeli (Business Consultant) war ich im Besitz der von ihm erstellten farbigen Folien, die den Bedarf von höheren Bundessubventionen überzeugend darstellten. Trotzdem hatte ich von den Fragen der anwesenden Nationalräte etwas Angst, da ich von Kurt wusste, dass das Rechnungswesen trotz seinen Bemühungen bei zwei Schulen so schlecht und intransparent war. Dieses Manko konnte deshalb bis zum Zeitpunkt der bevorstehenden Sitzung nicht sofort korrigiert werden. Bei genauerem Hinschauen hätte man merken können, dass bei der Jahresrechnung diesen beiden Schulen etwas nicht stimmen konnte. Damit wäre die Glaubwürdigkeit meiner gesamten Präsentation in Frage gestellt gewesen. Zum Glück verlief alles gut und ich hatte den Eindruck, dass der Präsident der Aussenpolitischen Kommission überzeugt war, dass die Schulen finanziell kontrolliert würden und höhere Bundesbeiträge grundsätzlich gerechtfertigt wären.

Auf Wunsch des Vorstands wurde auf Mitte Jahr ein neuer, transparenter Kontenplan geschaffen, der eine klare Struktur in die vielfältigen, unter Schulen nicht vergleichbaren buchhalterischen Rechnungen bringen sollte.

Finanzierung der KSA-Geschäftsstelle und neue Aufgaben

Infolge der jahrelangen äusserst knappen Mittel für den Betrieb der KSA Geschäftsstelle erhielt das KSA – neben Bundessubventionen und Zinserträgen – im Jahr 2004 für seinen Betrieb Mitgliederbeiträge (jede Schule wurde Mitglied) von CHF 25.– pro Schüler*in. Später bezahlten die Schulen den Gegenwert von einem Prozent der jährlichen Subventionen. Dies ermöglichte Irène Spicher, der Geschäftsleiterin, eine Assistentin, Silvia Hirsig anzustellen. Nach deren Kündigung aus persönlichen Gründen wurde einige Zeit später Andrea Spring angestellt. Damals wurden die Jahresberichte umfassender und besser gestaltet. Beide Assistentinnen der Geschäftsleitung leisteten für die komplexen Arbeiten der KSA-Geschäftsstelle sehr gute Arbeit. Ab 2007 wurde auch ein mit farbigen Bildern gestalteter «News» Letter (drei bis viermal pro Jahr) für die Schulen und interessierte Kreise eingeführt, was die Kommunikation mit den Schulen und interessierten Kreisen eindeutig verbesserte. Auch für mehr Kenntnisse von interessierten Parlamentarier*innen und Behördenmitgliedern war diese Art von transparenter Kommunikation hilfreich.

Die Angelegenheiten der Pensionskassen der 200 Schweizer Lehrpersonen wurden erledigt. Für die Schweizer Schulen in Europa wurden Abrechnungen der obligatorischen AHV erstellt und die Beiträge bezahlt. In den Tätigkeitsbericht der Geschäftsstelle KSA gehört auch die Verwaltung der Stiftung für Schweizer Schulen im Ausland, der Abschluss von Vereinbarungen mit den Lehrkräften und die Bewältigung der damit verbundenen arbeitsrechtlichen Pflichten. Im Laufe der Jahre hat das KSA immer weitgehendere Aufgaben im Interesse der Schulen übernommen. Die Tätigkeit des KSA beruhte teils auf expliziten oder impliziten Mandaten. Sie ergibt sich andernteils aus manifesten politischen, ökonomischen oder administrativen Erfordernissen. Insbesondere vertritt das KSA die Interessen der Schweizerschulen im Ausland gegen über Öffentlichkeit, Wirtschaft und Behörden der Schweiz.

Iwan Rickenbacher
Seit 1992 arbeitet er als
Kommunikationsberater

Unter der Leitung von Iwan Rickenbacher, bekannt für politische Kommunikation und Beratung, fand zum Abschluss ein Brainstorming zu den längerfristigen Perspektiven der Schule statt. Dieses gab den Anstoss zur Ausarbeitung der Vision «Schweizerschulen im Ausland bis im Jahre 2010».

Rickenbacher promovierte an der Universität Freiburg und war Leiter des Lehrerseminars des Kantons Schwyz. Von 1988 bis 1992 amtete er als Generalsekretär der CVP. Seit 1992 arbeitet er als Kommunikationsberater. Im Dezember 1999 wurde er ausserdem Honorarprofessor der Universität Bern im Bereich der Politikwissenschaften.

Fehlbetrag der Eidgenössischen Versicherungskasse des Bundes EVK   **6**
(später PUBLICA genannt)

Wie im Jahresbericht 2002 dargestellt, wird sich mit dem Wechsel der heutigen Pensionskasse des Bundes zur PUBLICA die Frage der Rückzahlung des sogenannten Fehlbetrags von 6,8 Millionen CHF stellen, den die Schulen bis anhin zu 4% verzinst haben. Das KSA hat die Rechtslage bei einem bernischen Rechtsanwalt abklären lassen und zusammen mit der ASO ein Gesuch um Anwendung der Härtefallklausel an die Pensionskasse des Bundes gestellt. Wie es sich herausstellte, wird jedoch erst verhandelt werden können, wenn das KSA bei der PUBLICA angeschlossen ist und der Fehlbetrag offiziell geltend gemacht wird. Die Alarmglocken der Schulen und des KSA heulten laut auf.

Über das ganze Jahr 2002 waren Vorstand und Geschäftsstelle KSA in Sachen ‹Fehlbetragsschuld gegenüber der EVK (Eidgenössische Versicherungskasse)› aktiv. Eigentlich ging es dabei um eine Nachzahlung der Versicherten, um das durch Misswirtschaft des Managements der EVK entstandene Finanzloch wieder ins Gleichgewicht zu bringen. Obschon verschiedene Verhandlungen mit der Pensionskasse des Bundes geführt wurden, scheiterten schlussendlich alle unsere Bemühungen. Die neue Kasse PUBLICA hat alsdann einer bedingten Beitrittserklärung der Schulen zur PUBLICA ohne Anerkennung der Fehlbetragsschuld eine Absage erteilt. Der Fehlbetrag war somit der in den gesetzlichen Grundlagen der PUBLICA vorgesehenen Härtefallklausel nicht mehr verhandelbar.

Der sogenannte Fehlbetrag der PUBLICA bedingt durch Anlageverluste betrug für alle in den Schulen versicherten Lehrpersonen wie bereits erwähnt 6,8 Millionen CHF. Die Schulen wurden dadurch aufgeschreckt, da eine so riesige Summe von den Schulen nicht hätte bezahlt werden können. Dieses Vorgehen hätte mit grösster Wahrscheinlichkeit zur Schliessung mehrerer Schulen geführt. Damit lag, wie bereits erwähnt, für die Schulen eine sehr gefährliche Situation vor.

Wie im Jahresbericht 2006 festgestellt wurde, handelte es sich bei der Ursache des Fehlbetrags neben Misswirtschaft auch um nicht eingezahlte Arbeitgeberbeiträge in den Jahren 1964 bis 1985 als der Bund für die Bezahlung der Arbeitgeberbeiträge zuständig war und von Schulen herrührend, die zum Teil gar nicht mehr existierten.

---

7 **Neues Rechnungswesen und Verstärkung der Lobby-Arbeit**

Der Jahresbericht 2004 war im Vergleich zu früheren Jahren ausführlicher und grafisch verbessert worden und enthielt nun auch farbige Fotos. Die Schweizer Schulen haben die Forderung nach erhöhter finanzieller Transparenz ernst genommen.

Das KSA hat unter Beizug eines aussenstehenden Finanzexperten und mit Unterstützung des Bundesamts für Kultur (BAK) ein transparenteres Rechnungswesen eingeführt, das auch Benchmarking erlaubt. An der Konferenz der Präsident*innen- und Schulleiter*innen wurde dieses System – zusammen mit dem Business Consultant – zu einem aussagekräftigen Rechnungswesen weiterentwickelt. Dadurch konnte gegenüber Bundesbehörden, den Patronatskantonen und dem Parlament die Notwendigkeit genügende Bundesbeiträge für die Schulen viel besser aufgezeigt werden.

Rudolf Wyder
Direktor der Auslandschweizer-Organisation
(1989 – 2013)

Die Pflege und Interessenvertretung, also der Aufbau eines Beziehungsnetzes wurde verstärkt. Dabei war der Einsatz des Direktors der Auslandschweizer-Organisation (ASO), Rudolf Wyder, und seinem parlamentarischen Netzwerk eine grosse Hilfe. So zum Beispiel: Mehr als 80 Mitglieder der eidgenössischen Räte hatten sich im September 2004 der Gruppe unter der von Nationalrätin Thérèse Meyer (CVP/FR) initiierten Parlamentarischen Gruppe «Auslandschweizer» zusammengeschlossen. Die erklärten Ziele dieser Gruppe waren, die Kommunikation zwischen Fünfter Schweiz und Bundesversammlung zu fördern und als parlamentarisches Netzwerk für Auslandschweizer zu dienen. Der KSA Präsident Derrick Widmer hatte Gelegenheit, an der Gründungsversammlung mit einem Kurzreferat auf die Tätigkeit der Schweizer Schulen im Ausland und deren Bedeutung für die Präsenz der Schweiz im Ausland aufmerksam zu machen.

Der Präsident und die Geschäftsführerin Irène Spicher nahmen regelmässig an den Sitzungen des Auslandschweizerrats (ASR) mit 150 Ratsmitgliedern teil. Der Rat trifft sich zweimal im Jahr, um hauptsächlich auslandschweizerspezifische sowie innenpolitische Themen zu diskutieren, Stellungnahmen abzugeben und Resolutionen zu verabschieden. Schon verschiedentlich hatte der Rat sich vehement für die Anliegen der Schweizerschulen im Ausland eingesetzt. Der KSA Präsident konnte manchmal an diesen Sitzungen auf Anfragen aus dem Rat noch Stellung beziehen.

Um die Interessen der **ASO** wahrzunehmen, hatte **Rudolf Wyder** für seine Lobby Tätigkeit (für die heute über 770 000 Auslandschweizer*innen) einen Ausweis für unbeschränkten Zugang zum Parlament. In dieser Eigenschaft genoss er im Parlament viel Ansehen

Rudolf Wyder als Direktor der ASO und ebenfalls Vorstandsmitglied des KSA nutzte seine vielfältigen Kontakte mit Parlamentarier*innen immer wieder dazu, die Bedeutung der Schweizerschulen im Ausland als Botschafter der Schweiz hervorzuheben. Dabei darf nicht vergessen werden, dass es nach einer Legislaturperiode von 4 Jahren im Durchschnitt ein Drittel neu gewählte Parlamentarier hat, was eine langfristig angelegte Lobby-Arbeit erschwert. Um die Interessen der ASO wahrzunehmen, hatte Rudolf Wyder für seine Lobby Tätigkeit für die heute über 770'000 Auslandschweizer*innen einen Ausweis für unbeschränkten Zugang zum Parlament. In dieser Eigenschaft genoss er im Parlament viel Ansehen. Diese Zugangsbewilligung war für die Schweizerschulen im Ausland und für die entsprechenden Bemühungen des KSA ein Glücksfall. Seiner Überzeugungsarbeit im Bundeshaus, seine bestens gepflegten Kontakte zu den Parlamentariern und Parlamentarierinnen und zur Bundesverwaltung ist es zu verdanken, dass die Schweizerschulen im Ausland finanziell nicht ausgehungert worden sind und dass die ‹Schweizer Revue› weiterhin Bundesmittel erhielt. Er genoss mit seiner einnehmenden Vorgangsweise und präzisen Formulierungen als Vertreter der ASO Respekt und Gehör bei den Vertretern und Vertreterinnen des Parlaments.

Nach 28 Jahren in diesem Amt trat Ruedi Wyder als ASO-Direktor am Auslandschweizer-Kongress 2013 in Davos zurück und wurde würdig verabschiedet. Rudolf Wyder hatte Zeitgeschichte und Völkerrecht studiert und promoviert. Nach Tätigkeiten als Zentralsekretär der Europa Union Schweiz (heute: Neue Europäische Bewegung Schweiz) war er in der Privatwirtschaft tätig im Bereich Public Relations. Von 1989-2013 Direktor der ASO. Heute ist er aktiver Vizepräsident der Schweizerischen Gesellschaft für Aussenpolitik (SGA).

An dieser Stelle sei auch verraten, dass das vorliegende Buch nur dank Ruedis diplomatischer Überzeugungskraft gegenüber Derrick Widmer Ende 2021 in Angriff genommen wurde. Dies war nicht leicht, hatte er nämlich als Autor bereits 10 Bücher verfasst und wenig Lust auf weitere Arbeit.

Wie im KSA Jahresbericht 2002 festgestellt wurde, musste wegen den geplanten Entlastungsmassnahmen 2003 und 2004 mit erheblichen Kürzungen der Bundessubventionen gerechnet werden Zusammen mit der ASO hat das KSA bei Bundesrat Pascal Couchepin interveniert und gestützt auf den Bericht der Auslandschweizer-Ausbildungskommission (AAK) auf den Mittelbedarf der Schweizerschulen im Ausland von mindestens 20 Mio. CHF hingewiesen. Bundesrat und Parlament hätten immer wieder zum Ausdruck gebracht, dass sie die Schweizerschulen im Ausland als wichtige Faktoren nachhaltiger Präsenz der Schweiz im Ausland erachteten und deren Fortbestand zu sichern entschlossen seien. Durch das Entlastungsprogramm 2003 (Schuldenbremse) wurde der Budgetkredit 2004 statt – wie ursprünglich geplant – auf CHF 20.8 Mio. nur auf CHF 19.Mio. (minus 1% lineare Kürzung) angehoben und es wurde bis 2007 eine schrittweise Senkung bis auf CHF 16.5 Mio. beschlossen. Im Bericht der AAK wird darauf hingewiesen, dass weitere Kürzungen zur Schliessung mehrerer Schulen führen würde.

Pascal Couchepin
Bundesrat (1998–2009)

Da der Voranschlag der Eidgenossenschaft für 2005 wurde im März 2004 auf Amtsstufe vorbereitet. Deshalb sprach eine Delegation (bestehend aus alt Nationalrat Georg Stucky, Nationalrat Jacques-Simon Eggly, Rudolf Wyder und Derrick Widmer) beim Direktor des Bundesamts für Kultur (David Streiff) vor, um zu verhindern, dass im Entlastungsprogramm 04 weitere Einsparungen beim Bundeskredit ‹Ausbildung junger Auslandschweizer› vorgenommen würden.

In diesem Zusammenhang war der Brief des Präsidenten der Schweizerischen Erziehungsdirektorenkonferenz, Hans-Ulrich Stöckling, ein wichtiges Signal. In diesem Brief vom 30. März 2004 an Bundesrat Pascal Couchepin mit Kopie an Bundesrat Hans-Rudolf Merz dokumentierten die Patronatskantone AG, AR, BE, BL, GL, SG, SH, TG, VS, ZUG und ZH ihre grosse Sorge über die geplante Kürzung der Bundesbeiträge.

Hans-Ulrich Stöckling
Ehemaliger Präsident
der EDK

Hans-Rudolf Merz
Bundesrat (2003–2010)

Der Kampf gegen den von der PUBLICA geltend gemachte Fehlbetrag der Pensionskasse des Bundes für Schweizer Lehrkräfte

2003 hatte die aktive KSA Vizepräsidentin des Vorstands Regula Dettling, in der leidigen und nie endenden Geschichte hinsichtlich Fehlbetrags der Pensionskasse PUBLICA eine neue Idee. Sie erklärte, dass sie in ihren Vorlesungen über Luftfahrtrecht in Bern, einen sehr begabten Studenten an ihren Vorlesungen hatte, der jetzt im Institut für öffentliches Recht in Bern als Assistent arbeite. Sie würde sich bei ihm erkundigen, ob ein Gutachten für einen vernünftigen Preis in diesem Institut gemacht werden könnte. Das Institut für öffentliches Recht deckt in Lehre, Forschung und Dienstleistung den gesamten Bereich des öffentlichen Rechts ab. Der zuständige Professor war einverstanden mit seinem Assistenten dieses Gutachten zu erstellen. Bei einer Präsentation im Jahr 2004 der Schlussfolgerungen dieses überzeugenden Gutachtens war dem Vorstand klar, dass es sich bei dem von Regula vorgeschlagenen Gutachten des Instituts für öffentliches Recht, um ein seriöses Gutachten handelte, das zudem zu unseren Gunsten entstanden war. Es hat uns denn auch bei unserem weiteren Kampf gegen die PUBLICA wesentlich geholfen, allerdings nicht sofort.

Martin Buchli
Rechtsanwalt

Der junge Assistent, Martin Buchli, der im Gutachten aktiv mitgearbeitet hatte, machte uns einen ausgezeichneten Eindruck. Einige Zeit später, als er als Rechtsanwalt in einer Berner Kanzlei arbeitete, wurden ihm alle juristischen Fälle des KSA und der Schulen zur rechtlichen Beurteilung übertragen. Er wurde so gewissermassen unser Hof-Jurist. So zum Beispiel für die Vernehmlassung zum Kulturförderungsgesetz, Gesuch um Steuerbefreiung Verein KSA, Vorbereitung Statutenrevision KSA.

Im Januar 2004 lag dem KSA das erwähnte verwaltungsrechtliche Gutachten schriftlich vor. Darin wurden neue Lösungswege aufgezeigt. An der Vorstandssitzung vom 27. Januar 2004 wurde beschlossen, ein Subventionsgesuch im Sinne des Gutachtens an das Bundesamt für Kultur (BAK) des Eidgenössischen Departements des Innern zu stellen. Dieser Sachverhalt wurde den Schulen mitgeteilt.

Das BAK reagierte am 23. Juli 2004 mit der Sistierung des Subventionsverfahrensgesuches des KSA. Begründung: das Subventionsverfahren wird sistiert, bis das KSA als sogenannte angeschlossene Organisation der PUBLICA den Nachweis über das Bestehen der Fehlbetragsforderung nicht erbracht hat, d.h. rechtskräftiger Entscheid der PUBLICA oder ausdrückliche Anerkennung der Fehlbetragsforderung durch KSA vorliegt. Der Fehlbetrag war ebenfalls Thema des Gesprächs zwischen Bundesrat Pascal Couchepin, alt Nationalrat Georg Stucky, Präsident der ASO und Derrick Widmer. Bundesrat Couchepin versprach nach einer Lösung zu suchen, passiert ist in der Folge leider nichts. Im Jahr 2005 waren 141 Lehrpersonen bei der Pensionskasse des Bundes (PUBLICA) versichert. 101 Lehrpersonen sind für ihren Auslandeinsatz und den Schweizer Schulen im Ausland bei ihrer angestammten kantonalen Pensionskasse versichert geblieben.

Keine der angeschlossenen Organisation hat von der PUBLICA 2004 einen Anschlussvertrag zur Unterschrift erhalten. Seit dem 1.6.2003 bestand ein vertragsloser Zustand mit der PUBLICA. Das KSA erhielt jedoch Prämienrechnungen und erteilte die entsprechenden Zahlungsaufträge. Das KSA konnte erst wieder aktiv werden, wenn ein rechtskräftiger Entscheid der PUBLICA über die Fehlbetragsforderung vorlag.

Fehlende wirtschaftliche Kenntnisse der Schulleiter*innen und professionelles Rechnungswesen. Vorteile langjähriger Schuleiter*innen 10

Das Finanzcontrolling der Schulen wurde ständig verbessert, überwacht und mit den Schulen besprochen. In Zusammenarbeit mit dem BAK und einem aussenstehenden Finanzexperten wurden für die Schulen neue elektronische Formulare für Betriebsrechnung, Voranschlag, Bilanz und Geldfluss eingeführt und diese jährlich weiterentwickelt. Zudem hatten sie ein Handbuch erhalten, das eine einheitliche Verbuchung durch alle Schulen ermöglicht. Dadurch wurde ein besseres Benchmarking erreicht und die Zahlen konnten an der jährlichen Präsidenten- und Schuleiterkonferenz besprochen werden.

Das Controlling stellte nun auch ein Frühwarnsystem dar, das in der Lage ist, prekäre finanzielle Entwicklungen in den einzelnen Schulen aufzuzeichnen.

Der Pionier dieser erfreulichen Entwicklung war Kurt Häfeli. Ich lernte ihn während meiner 30-jährigen Zeit beim internationalen Zementkonzern Holcim (früher Holderbank genannt) als tüchtigen Controller und Assistenten eines Konzernleitungsmitglied kennen. Wir waren bis 1998 zusammen nebenamtlich Verwaltungsräte in Russland bei einer von Holcim kontrollierten Zementholding. Kurt

Kurt Häfeli
Business Consultant

half mir auch bei der Lösung einiger Probleme mit der Schweizer
Schule in Rio de Janeiro. Sein Nachfolger war Kurt Wegmann, ein Absolvent der Hochschule St. Gallen, der vorher in der Revision einer
grossen Basler Firma gearbeitet hatte. Er war mein erster Assistent
1970 als ich bei der damals noch wenig strukturierten Holcim in
Zürich zu arbeiten begann. Meine Frau ging mit Kurt ins Gymnasium in Winterthur und empfahl ihn mir als intelligenten und tüchtigen Mann. Auch er machte wie Kurt Häfeli eine steile Karriere bei
Holcim. Der dritte Kurt als Controller hiess Kurt Schneider, der vom
BAK angestellt war. Damit lag die Frage auf der Hand, ob die Position
eines Controllers den Vornamen Kurt voraussetze!

Anfänglich traf ich bei der Einführung und Durchführung von wirtschaftlichen Überlegungen bei der Mehrheit der Schulleiter*innen
auf einen gewissen Widerstand. Die Behandlung des Themas trans-
parentes Rechnungswesen an den jährlichen Konferenzen der Präsident*innen und Schulleiter*innen in der Schweiz war anfänglich
schwierig. Lieber diskutierten die Vertreter der Schulen über pädagogische und organisatorische Probleme. Dies war auch nachvollzieh-
bar, hatten viele Schulleiter*innen überhaupt keine wirtschaftliche
Ausbildung, und trafen in ihren Schulen im Ausland auf ungenü-
gende Finanzstrukturen, die das Verstehen der Erfolgsrechnung und
der Bilanz erleichtert hätten. Schwierig für viele neue Schulleiter*innen, die vor dem Übergang zur Schule im Ausland in der Schweiz im
Lehrberuf an einer öffentlichen Schule gearbeitet hatten. Auf einmal handelte sich bei der Schule im Ausland um eine selbstständige
Unternehmung und nicht um einen staatlichen durchorganisierten
Betrieb, der von der kantonalen Erziehungsdepartements in vielen
Details kontrolliert wird. Erarbeitung eines Gewinns für Investitionen, aussagekräftiges Rechnungswesen und Marketing (Werbung

für neue Schüler*innen) waren neue Zusatzaufgaben. Auch gute Beziehungen zu den Eltern der Schüler*innen und lokalen Schulbehörden waren, neben einer wie bisher in der Schweiz verlangten hohen pädagogischen Ausbildung der Schüler*innen, plötzlich ebenfalls relevant. Dazu kamen Vorschriften spezieller Art der jeweiligen Gesetzgebung und Probleme mit der Salarierung der lokalen Lehrerschaft und Sicherheitsmassnahmen gegen kriminelle Gefahren für die Schülerschaft.

Die meisten Schulleiter*innen haben diese neuen zusätzlichen Aufgaben dank der Einführung eines professionellen Rechnungswesens nach einer Übergangszeit gut gemeistert. Eine grosse Zahl von Schulleiter*innen bleibt nur etwa zwei bis drei Jahre in dieser Funktion und kehrt dann in die Schweiz zurück. Dies ist für die Bewältigung der komplexen Aufgaben eines Schulleiters und Schulleiterin mit neuen sprachlichen und lokalen Vorschriften eine meines Erachtens zu kurze Zeit. Trotzdem gab es sehr viele Leiter*innen von unseren Auslandsschulen, die nach kurzer Einführungszeit in jeder Beziehung hervorragende Arbeit geleistet haben.

Jörg Wiedenbach
Generaldirektor der
Schulen Mexiko

Langjährige Schulleiter wie z. B Pascal Affolter, Vizepräsident von educationsuisse und Direktor der Schule Barcelona (650 Schüler) sowie Urs Steiner Vorstandsmitglied educationsuisse und Direktor des Colegio Pestalozzi in Lima/Peru (710 Schüler) sowie Jörg Wiedenbach, Generaldirektor der Schule Mexiko (1 300 Schüler) und Vorstandsmitglied haben dank ihrer langjährigen Erfahrung wesentlich zum Zusammenhalt der Schulen beigetragen und jüngere Schulleiter mit ihrem Erfahrungsschatz (auch hinsichtlich Wirtschaftlichkeit) einer Schule helfen können.

Pascal Affolter
Vizepräsident von
educationsuisse,
Direktor der **Schweizer
Schule Barcelona**,
Spanien (links)

Urs Steiner
Vorstandsmitglied
educationsuisse und
Direktor des **Colegio
Pestalozzi** in Lima/Peru
(rechts)

Die Schule Peru (Colegio Pestalozzi) mit 710 Schüler*innen (davon 30% mit Schweizerpass) und diejenige von Barcelona wie auch diejenige von Mexiko mit über tausend Schüler*innen wurden und werden in jeder Beziehung optimal geleitet.

In einem E-Mail vom 16.01.2022 schreibt mir Urs Steiner: «Meine Zeit als Direktor der Schule läuft im Februar 2023 ab. Momentan sind wir auf der Suche eines Nachfolgers. Anscheinend haben sich bis anhin drei Personen angemeldet. Eigentlich wenig, wenn man bedenkt, dass wir die Schule sind, welche pro Kopf der Schüler am meisten finanzielle Reserven hat. Das habe ich auch Dir zu verdanken, du hast uns stets angetrieben, auch das Geschäftliche in einer Schule zu sehen, was vielerorts von meinen Kollegen vernachlässigt wird».

Nach 36 Jahren an dieser Schule, davon 20 Jahre als Direktor hat Urs Steiner mit Überzeugung seine Kraft und Freude in diese Schule investiert. Die Schule kam – wie Urs selber schreibt – stets vor seiner Familie und seine Arbeitszeit hat sich nach den Bedürfnissen des Colegio Pestalozzi gerichtet.

Die Schweizer Schule Lima wurde 1943 im Quartier San Isidro gegründet und konnte 2013 bereits ihr 70-jähriges Jubiläum feiern. Im Gründungsjahr besuchten 16 Schülerinnen und Schüler die Schule. Fünf Jahre später konnte die Schule an den jetzigen Standort umziehen. Heute besuchen über 700 Kinder und Jugendliche die Schule, mehr als 200 (30%) davon haben die schweizerische Staatsbürgerschaft. An der Jubiläumsfeier hatten sich über tausend Besucher auf dem Areal eingefunden, um dieses besondere Fest zu feiern.

Im Jahresbericht 2012 wird auch über die Zusammenarbeit zwischen der Schweizer Schule Lima und ihrem Patronatskanton Thurgau berichtet. Die ersten Wandtafeln kamen direkt aus der Schweiz und in den folgenden Jahren finanzielle Mittel für die Erweiterung der Klassenräume und den Bau einer neuen Turnhalle. Der Kanton Thurgau arbeitet kontinuierlich eng mit der Schule zusammen, wenn es darum gehe, die Ausbildungsqualität zu stärken Seit 1987 besuchten Inspektoren die Schule Lima in regelmässigen Abständen. Im Jahr 2013 erfolgte bereits der elfte Inspektoren-Besuch. Da die Stadtentwicklung Limas nur gegen den Süden hin möglich ist, hat es die Schule auf Initiative des Schulleiters im Jahr 2016 gewagt, an einem neuralgischen Punkt, 100 km südlich der Hauptstadt ein Grundstück von 100 000 m² zu erwerben. Damit wurde die Möglichkeit geschaffen, eine zweite Schule in Peru aufzubauen.

Die Nachfrage nach Plätzen im Vorkindergarten in der Schule Lima ist sehr gross: Über die Schul-Homepage trafen 2012 auf die angebotenen 54 freien Plätze innerhalb von 40 Minuten mehr als dreimal so viele Anmeldungen ein. Bei dieser grossen Nachfrage können sich die Schulverantwortlichen leisten, nur jene Anmeldungen zu berücksichtigen, welche geringe Risiken für Ausfälle von Schulgeldzahlungen aufweisen.

Die Erfahrungen der rückkehrenden Lehrpersonen aus der Bildungspräsenz im Ausland, stellen für die Schulen in der Schweiz eine wertvolle Bereicherung dar.

Die Schulleiter*innen aller Schweizerschulen im Ausland haben nicht nur neue Sprach- und Kulturerfahrung in die Schweiz mitgebracht, sondern auch wichtige Erfahrung in der Führung eines Unternehmens gesammelt. Diese Fähigkeiten waren in der Schweiz für ihre weitere berufliche Karriere von grossem Nutzen. Im Vergleich zu den Schulleiter*innen der Deutschen Auslandsschulen wurde diese Auslanderfahrung regelmässig mit neuen interessanten Kaderpositionen im Schulwesen belohnt.

Bemerkung zu den Deutschen und den Schweizerischen Auslands-schulen: Mit den Deutschen Auslandsschulen besteht ein enges Ver-hältnis zu den Schweizer Auslandsschulen, d. h. Schweizerische Lehr-personen arbeiten an Deutschen Auslandsschulen und umgekehrt. In der Regel handelt es sich bei den Deutschen Auslandsschulen ebenfalls um Privatschulen, die von einem gemeinnützigen Schul-verein getragen werden, zumeist aber aus deutschen öffentlichen Mitteln finanziert werden. Für ihre Betreuung, der 140 Schulen auf allen Kontinenten ist die Zentralstelle für Auslandsschulwesen (ZfA) im Bundesamt für Auswärtige Angelegenheiten zuständig. Diese verfügt über wesentlich mehr Macht als das KSA/educationsuisse. Die ZfA unterliegt dabei der Fachaufsicht des Auswärtigen Amtes und arbeitet mit dem Bund-Länder-Ausschuss für schulische Arbeit im Ausland zusammen (BLASchA). Der 2003 gegründete Weltver-band Deutscher Auslandsschulen (WDA) vertritt die freien Schulträ-ger der Deutschen Auslandsschulen.

Im Rahmen der Förderung durch die Bundesrepublik Deutschland und um deutsche Qualitätsstandards zu gewähren werden die deutschen Auslandsdienstkräfte durch die Zentralstelle für das Aus-landsschulwesen angeworben und an die Schulen vermittelt. Dabei handelt es sich um verbeamtete oder festangestellte Lehrer aus dem innerdeutschen Schuldienst, die für eine begrenzte Zeit (in der Regel maximal acht Jahre) durch die Bundesländer zur Verfügung gestellt werden. Sie werden von der Bundesrepublik Deutschland finanziert und erhalten reguläre Vergütung nach deutschem Besoldungs- bzw. Tarifrecht sowie eine Auslandszulage. Die Ortslehrkräfte werden von den Schulen direkt angestellt und vergütet. Im Jahr 2013 waren 1 340 aus Deutschland ermittelte Lehrkräfte und 6 835 Ortslehrkräf-te an den Deutschen Auslandsschulen tätig.

Zu den jährlichen Konferenzen der Deutschen Auslandsschulen mit durchschnittlich 120 Teilnehmenden wurden der KSA/educations-uisse Präsident, seine Geschäftsleiterin und eine Vertretung des BAK jeweils eingeladen. Umgekehrt war stets ein Vertreter der Deut-schen Auslandsschulen an den schweizerischen Konferenzen dabei. Manchmal auch der Österreichischen Auslandsschulen. Auf diese Weise profitierten beide Seiten von den gegenseitigen Erfahrungen und Innovationen.

Es entstanden auch Freundschaften an diesen Konferenzen. Besonders gefreut hat mich ein Brief von Joachim Lauer, dem langjährigen ZfA Leiter, der mir bei meinem Austritt aus meiner Funktion bei educationsuisse 2016 einen sehr liebenswürdigen Abschiedsbrief geschrieben hat.

Die Zentralstelle für das Auslandsschulwesen des Bundesverwaltungsamtes betreut im Auftrag des Auswärtigen Amtes als Schulaufsicht des Bundes unter Mitwirkung der Länder die 140 Auslandsschulen. Sie fördert die Schulen in finanzieller, personeller sowie pädagogischer Hinsicht. Während Joachim Lauers 16 jähriger Amtszeit wurde unter anderem ein systematisches Qualitätsmanagement an den Deutschen Schulen im Ausland eingeführt. Heike Toledo hat seine Nachfolge übernommen.

Joachim Lauer mit seiner Nachfolgerin **Heike Toledo** (Leiterin der ZfA des Bundesverwaltungsamtes)

Noch in den 70er Jahren des 19. Jahrhunderts bestand Plovdiv (ehemals Philippopel), eine Kolonie aus Deutschen, Österreichern und Schweizern, die am Bau der Eisenbahnlinie in Bulgarien beschäftigt waren. Im April 1901 entstand ein Schulverein, dessen Gründung auf die Initiative von zwei deutschen Reichsangehörigen zurückging. Diese machten es sich zur Aufgabe, für die damals ca. 20 deutsch sprechenden Kinder, eine Schule mit deutscher Unterrichtssprache zu gründen. Der Gründer und Vorsitzende des Schulvorstands der Schule in Plovdiv war der deutsche Reichsangehörige Gottfried Schlerff. Er war der erste Mann (der zweite Mann war ein Schweizer) der Grossmutter (mit sechs Mädchen) meiner Ehefrau Suzanne! Der Schulvorstand machte darauf aufmerksam, dass die neu gegründete deutsche Schule «als einzige deutsche Bildungsstätte in ganz Ostrumelien (Südbulgarien) ein hervorragendes Mittel zur Förderung der Anhänglichkeit an die deutsche Kulturgemeinschaft darstellt und ausserdem auch geeignet ist, die bereits bestehenden ökonomischen und Handelsbeziehungen mit dem deutschen Wirtschaftsgebiet, wenn auch nur mittelbar, weiter auszugestalten. Die Schülerzahl betrug im Gründungsjahr 42 und stieg schon bald auf 53. Die Grossmutter meiner Frau wohnte zuletzt in Genf. Eine ihrer Töchtern (Tante meiner Frau) mit dem Namen Schlerff, erteilte währende vielen Jahren Deutschunterricht an der Deutschen Schule in Genf.

Die Deutsche Schule in Plovdiv wurde 1901 gegründet

Фото: С. Нисимовъ 1928
Пловдивъ—Немското училище.

Plovdiv—Deutsche Schule

Es stellte sich heraus, dass die ehemaligen deutschen Schuleiter*innen bei ihrer Rückkehr nach Deutschland eine ganz normale Lehrerposition mit entsprechend tieferem Lohn wieder einnehmen mussten. Mehrmals wurden wir gefragt, weshalb dies in der Schweiz anders sei. Die fehlenden betriebswirtschaftlichen Kenntnisse der Schulleiter*innen wurde von den Deutschen Auslandsschulen anders gelöst: Sie erhielten regelmässig einen Spezialisten für Rechnungswesen als Vizedirektor*in zur Seite gestellt. Somit hatten die rückkehrenden Schulleiter*innen zwar auch Führungserfahrung, aber keine Erfahrung in der Führung eines ganzen Unternehmens, d. h. einer komplexen Aufgabe. Zudem hatte offenbar in den Schulen in Deutschland die hartnäckige Mär Oberhand gewonnen, dass die Rückkehrer*innen im Ausland als Leiter*innen mit einem hohen Lohn und viel Zeit gemütlich am Strand unter einer Palme liegend sich ausgeruht hätten. Diese Aussage wurde mir mehrmals von aktiven und ehemaligen Deutschen Auslandsschulleitern etwas frustriert so mitgeteilt. Deshalb musste ich verschiedentlich erklären, weshalb dies in der Schweiz ganz anders sei.

Frank-Walter Steinmeier
Präsident der Bundesrepublik Deutschland

Die Konferenzen der deutschen Auslandsschulen fanden regelmässig im Bundesamt für Auswärtige Angelegenheiten in Berlin statt. Zuständig für die Organisation war die Zentralstelle für Auslandsschulwesen (ZfA), wobei das ZfA auch für Deutsche Sprachdiplome und weitere Ausbildungslehrgänge verantwortlich ist.

Der deutsche Aussenminister, Frank-Walter Steinmeier (heute Präsident der Bundesrepublik) hielt in einer Rede am 5.9.2007 fest: «Unsere Schulen bilden Menschen heran, die mit unserer Sprache und unserer Kultur vertraut sind. Viele Entscheidungsträger sind Absolventen Deutscher Auslandsschulen: meine griechische Amtskollegin Dora Bakoiannis ebenso wie die mexikanische Aussenministerin Patricia Epinosa, die chilenische Präsidentin Bachelet oder der mexikanische Startenor Rolando Villazon – sie alle haben eines gemeinsam: durch die Ausbildung an einer Deutschen Auslandsschule sind sie unserem Land dauerhaft verbunden.»

Es folgen fünf von vielen Beispielen ehemaliger Schulleiter*innen der Schweiz mit gleichen oder sogar höheren Berufsmöglichkeiten nach ihrer Rückkehr in die Schweiz:

David Lingg, der ehemalige Schulleiter von São Paulo wurde als Rektor des renommierten Freien Gymnasiums in Bern gewählt. Der mit mir befreundete damalige Präsident der Schule (Charles Juillerat) fragte mich, ob ich David empfehlen könne. Lobbying für kantonale Subventionen müsse er nur beim Kanton Bern machen. David wäre vermutlich auch ohne meine Empfehlung Rektor geworden.

Rolf Grunauer, ehemaliger Leiter der Auslandsschule Singapur, hat es zum Rektor der Berufs- und Weiterbildungszentrums Rorschach-Rheintal geschafft.

Daniel Halter, ehemaliger (promovierter) Schulleiter von Bangkok, wurde nach einigen Umwegen ab 2018 Vizepräsident der Hochschulentwicklung der Fachschule Nordwest Schweiz (FHNW) im Range eines Professors.

Bernhard Beutler, ehemaliger Leiter der Schule São Paulo und Curitiba ist Direktor des Berufsbildungszentrums BBZ Solothurn-Grenchen.

Simon Dörig, ehemaliger Rektor der Schweizer Schule Bangkok seit 2015 hat ab Februar 2021 die Leitung der Dienststelle Gymnasialbildung des Kantons Luzern übernommen. Gleichzeitig wurde er Präsident der Kommission für die Vermittlung von schweizerischer Bildung im Ausland und ist Vorstandsmitglied von educationsuisse.

Kommunikation des KSA/educationsuisse mit den Schulen und nach aussen. Ehemalige erzählen

12

Der Zusammenhalt der viele Jahre weitgehend unabhängigen Schulen mit dem KSA/educationsuisse wurde mit den Jahren immer wichtiger um das Lobbying für höhere Bundesbeiträge und andere Probleme der Schulen koordiniert und wirkungsvoll einzusetzen. Ebenso wurde der Austausch von Erfahrungen und Weiterbildung, aber auch die Entwicklung eines Korpsgeistes, zunehmend bedeutungsvoller. Seit vielen Jahren gab es – schon vor meiner Zeit – gute Ansätze wie z. B Konferenzen nur den lateinamerikanischen Schulen und solche der europäischen Schulen, die den pädagogischen und organisatorischen Austausch von Erfahrungen bezwecke. Die Schulleiter*innen blieben im Durchschnitt höchsten drei Jahre im Amt, was die persönlichen Beziehungen zwischen KSA/educationsuisse etwas erschwerten. Zum Glück gab es immer auch einige langjährige Schulleiter*innen, die mit ihren grossen Erfahrungen diesbezüglich stabilisierend wirkten und neue Anliegen und Initiativen des KSA unterstützten. So zum Beispiel in Lima, Mexico DF und Barcelona. Die Jahresberichte wurden immer professioneller. 2007 wurde ein mehrmals pro Jahr erscheinender News Letter eingeführt. Andrea Spring, die Assistentin von Irène Spicher setzte sich mit Enthusiasmus dafür ein. Über Personalmutationen und besondere Ereignisse der Schulen und des KSA/educationsuisse wurde darin berichtet. Die «NEWS» enthielten auch Berichte über die Schulzeit von ehemaligen Absolvent*innen über ihre damalige Schulzeit.

Andrea Spring und **Irène Spicher**

Fritz Zurbrügg ist im Sommer 2022 als Vizepräsident der schweizerischen Nationalbank altershalber zurückgetreten. Bild unten die **Schweizer Schule in Rom**

So z. B der ehemalige Nationalrat und heutige Stadtrat von Zürich, Filippo Leutenegger, und der ehemalige Nationalbank-Vizepräsident Fritz Zurbrügg, sowie Fernando Zuniga, ehemaliger Schüler der Schweizer Schule Santiago de Chile.

In den KSA-News vom Juli 2011 erzählt Fritz Zurbrügg, ehemaliger Schüler der Schweizer Schule Rom u. a.: «wir stehen vor dem Tor an der Via Marcello Malpighi 14. Es ist der erste Schultag für die Zurbrüggs: Isabel (7. Klasse), Christian (6. Klasse) und ich (8. Klasse). Wir sind erst seit einigen Wochen in Italien und verstehen kein Wort Italienisch. Nur ab und zu hörte ich in den verschiedenen angeregten Diskussionen über die Ferienerlebnisse ein paar Wörter Deutsch. Aber auch das ist nur ein schwacher Trost, da wir bis anhin englische Schulen besuchten. Wie konnte das nur gut gehen?

April 2011 – Ich habe ein Dossier auf meinem Schreibtisch mit der Überschrift: Verkauf der Liegenschaft an der Via Marcello Malpighi 14, Rom, Italien. In meiner Funktion als Direktor der Eidgenössischen Finanzverwaltung im Finanzdepartement muss ich dazu Stellung nehmen, zu welchen Bedingungen und zu welchem Preis «meine» Schule verkauft werden soll. Ich rufe in

den nächsten Tagen Isabel und Christian an: «Non ci credete,...» Selbstverständlich sprechen wir noch heute nur Italienisch miteinander. Den römischen Akzent habe ich zum grössten Teil abgelegt, wobei dieser in Diskussionen mit italienischen Kollegen immer wieder rasch überhandnimmt. Sechs Jahre Scuola Svizzera Roma – das hinterlässt Spuren. Zurück ins Jahr 1973. Der Anfang war schwierig. Als einziger Schüler deutscher Muttersprache wurde mir klar, dass ich sehr rasch Italienisch lernen musste. Das war insbesondere wichtig, um sich auf dem Pausenplatz beim Fussballspielen durchsetzen zu können. Ich war auch erstaunt, wie klein die Klassen waren. Wir waren knapp zehn Schüler. Erst viel später habe ich realisiert, was für ein Privileg ich damit genoss. Bei diesen Klassengrössen bestand der Unterricht sozusagen aus Privatstunden. Den Unterschied

zu einem «normalen» Gymnasium habe ich nach einigen Jahren hautnah erlebt, als ich an einem Schüleraustausch mit der Kantonsschule Luzern teilgenommen habe. Dankbar bin ich nach zwei Monaten wieder nach Rom geflüchtet. Alphons, dem Austauschschüler aus Luzern, ging es umgekehrt – er wäre am liebsten an der Via Malpighi geblieben! Aber seien wir ehrlich, es war nicht die Klassengrösse, welche den Unterschied ausmachte. Es waren vor allem die Lehrer. Ich weiss nicht, ob es einfach generell an Auslandsschulen interessante Lehrer gibt, aber wir hatten in Rom grössten Teil tolle Persönlichkeiten. Alphons und ich sehen uns immer noch regelmässig und schwärmen von den guten alten Zeiten. Nach der Matur 1979 zog ich in die Schweiz und studierte an der Universität Bern Volkswirtschaft. Die Beziehungen zu Rom blieben durch regelmässige Besuche erhalten, unter anderem weil meine Schwester entschied, in Rom zu bleiben und dort zu studieren. Sie wurden jedoch auch sonst gestärkt. Der Zufall (?) wollte es, dass ich auch eine ehemalige Schülerin der Schweizer Schule Rom geheiratet habe. Nach meinem Doktorat habe ich eine Stelle im Eidgenössischen Finanzdepartement angetreten. Das Ausland behielt jedoch für immer eine starke Anziehungskraft und schon bald zog es uns nach Washington D.C. Insgesamt verbrachten wir – meine Frau und unsere drei Söhne und ich – zehn Jahre in dieser faszierenden Stadt. Ich arbeitete im Internationalen Währungsfonds, der seinen Hauptsitz in Washington D.C. hat. Seit fünf Jahren sind wir zurück in Bern. Unsere Kinder sprechen zwar unterdessen Englisch statt Italienisch, aber Rom ist wieder in die Nähe gerückt.»

Filippo Leutenegger Mitglied der Zürcher Stadt-
regierung. Bild unten die **Schweizer Schule in Rom**

Filippo Leutenegger, ehemaliger Schüler der
Scuola Svizzera di Roma erzählt in den KSA-
News (17.10. 2008):

Nach Abschluss der obligatorischen Schulzeit an der Scuola Svizzera di Roma machte
er die Matura in Disentis/Altdorf und studierte anschliessend Ökonomie in Zürich.
Er schloss sein Studium mit lic.oec. ab und
studierte anschliessend noch Jus, ebenfalls
an der Uni Zürich. Zwischen 1981 und 2002
arbeitete Filippo Leutenegger beim Schweizer Fernsehen in verschiedenen Positionen:
Als Wirtschaftsredaktor, Korrespondent,
Moderator, Produzent und Redaktionsleiter
bei der ARENA, Von 1992 bis 2002 war er
zudem Chefredaktor und Mitglied der Geschäftsleitung des Schweizer Fernsehens.
Anschliessend ging er in die Privatwirtschaft und sanierte als CEO den defizitären
Jean Frey-Verlag. Im Jahr 2003 wurde Filippo
Leutenegger als FDP-Vertreter in den Nationalrat gewählt. Seit einigen Jahren ist er
Stadtrat von Zürich.

Im Interview erklärte Leutenegger: «Es war
für mich als Auslandschweizer, der in Rom
geboren und aufgewachsen ist, enorm wichtig, dass ich eine gemischte Kultur erleben
durfte, sowohl als «realtà italiana» als auch
die schweizerische Kultur an der Schweizer

Schule. Das hat mir natürlich viel geholfen
für die späteren Jahre als ich das Gymnasium in der Schweiz absolvierte.

Ich glaube die Schweizer Schulen üben im
jeweiligen Land einen positiven Einfluss
aus. Sie binden viele Auslandschweizer an
ihr Mutterland und gewinnen viele Einhei-
mische Freunde der Schweiz. Die Schweizer
Schulen sind sozusagen Botschafter der
gelebten Schweizer Kultur. Man kann die
positive Wirkung nicht genügend hoch einschätzen.

Die Schweiz macht mit ihren Schulen im
Gegensatz zu Frankreich und anderen zen-
tralistisch geführten Ländern keine Aussenpolitik, denn bei den Schweizer Schulen im
Ausland sind die Patronatskantone federführend, und das gibt den Schulen eine
ganz besondere Note. In Rom engagiert sich
zum Beispiel seit Jahrzehnten der Kanton
St. Gallen, der auch in schwierigen Zeiten
Hervorragendes leistet. Für die Schweizer im
Ausland sind Schweizer Schulen zudem Be-
gegnungsorte und ein kleines Stück Heimat,
deshalb sollte man sie nicht mit weiteren
Budgetkürzungen des Bundes gefährden.»

*Interviewt wurde Nationalrat Leutenegger
von Irène Spicher, Geschäftsführerin des KSA.*

Fernando Zúñiga Professor.
Bild unten: Die **Schweizer Schule Santiago de Chile**

Fernando Zúñiga, ehemaliger Schüler der Schweizer Schule Santiago de Chile. «Obwohl meine Vorfahren aus Spanien, Frankreich und Irland stammen und weder meine Eltern noch meine Grosseltern Beziehungen zur Schweiz oder zur deutschsprachigen Welt hatten, war es mir möglich, als Einzelkind einer durchschnittlichen chilenischen Mittelschichtfamilie 1973 im Kindergarten des CSS aufgenommen zu werden. Dort habe ich meine gesamte Schulzeit verbracht (Primar-, Sekundar- und Mittelschule; einziger «Unterbruch» war der viermonatige Aufenthalt in Bern im Rahmen eines Schüleraustausches. Ende 1985 absolvierte ich die in Chile übliche Aufnahmeprüfung für die Universität und war, wie üblich bei den damaligen Schweizerschülern, erfolgreich. 1986 begann ich ein Ingenieurstudium an der renommierten Katholischen Universität in Santiago. Eine Hochschulbildung war für einen guten Schüler wie mich die logische Wahl – nicht aufgrund der Familientradition (meine Mutter war Primarlehrerin und mein Vater selbstständiger Zahnarzt), sondern vor allem wegen der deutlichen Forderung der chilenischen Wirtschaft im besonderen und der chilenischen Gesellschaft im allgemeinen an zukünftige Berufsleute, die verantwortungs- und anspruchsvollen Tätigkeiten nachgehen wollen. 1987 habe ich meine Studienrichtung geändert: Ich habe Ende 1991 ein Volkswirtschaftsstudium an derselben Universität mit sehr guten Noten absolviert. Zudem war ich als Klavierlehrer und Unterhaltungspianist tätig, arbeitete aber auch an der Universität als Forschungsassistent und Tutor für verschiedene Kurse. Während der vorlesungsfreien Zeit reiste ich mehrere Male nach Europa, unter anderem auch in die Schweiz, um alte Bekannte und Freunde zu besuchen.

Im Januar 1992 liess ich mich in Zürich nieder. Ich habe eine ehemalige Schulfreundin aus meiner «Berner Zeit» geheiratet, die bis heute meine Lebensgefährtin ist. Dank meiner Ausbildung und meinen Sprachkenntnissen bekam ich eine Stelle in der Marketingabteilung der Swiss Re. Nach fast drei Jahren habe ich diese Tätigkeit aufgegeben, um ein Zweitstudium zu beginnen – diesmal an der Universität Zürich.»
(2012)

Miriam Spittler
Staatsanwältin des Bundes. Unten im Bild das **Colegio Pestalozzi**, in Lima

«Ich bin in Peru geboren und habe während 13 Jahren die Schweizerschule, das Colegio Pestalozzi, in Lima besucht, vom Vorkindergarten bis zum Abschluss nach dem peruanischem Schulsystem. Nach meinem Schulabschluss hatte ich das Privileg, wählen zu dürfen, ob ich meine Weiterbildung in Peru oder in Europa machen möchte. Ich habe es mir nicht wirklich lange überlegt; ich wusste, es war eine einzigartige Gelegenheit, in Europa zu studieren, und ich wollte es zumindest versuchen. Ausserdem war mir klar, dass ich jederzeit nach Hause zurückkehren könnte, falls es nicht klappen sollte. Mit 17 Jahren verabschiedete ich mich also von meinen Eltern am Flughafen in Lima und reiste in die Schweiz, wo ich als erstes in Freiburg meinen peruanischen Schulabschluss durch das Ablegen von Kursen und Prüfungen anerkennen lassen musste. Das ging viel besser als ich anfangs erwartet hatte, vor allem dank der guten Resultate bei den Sprachprüfungen. Es wurde mir da zum ersten Mal richtig bewusst, was für einen Vorteil ich mit meinen an der Schweizerschule erworbenen Sprachkenntnissen hatte. Deutsch und Spanisch, die Hauptsprachen im Colegio Pestalozzi, welche ich auch Zuhause mit meinen Eltern und im Alltag brauchte, aber auch Englisch und Französisch. Mit dem nötigen Zertifikat in der Hand, schrieb ich

mich an der Universität Freiburg ein, wo ich mit einem zweisprachigen Master of Law (Deutsch und Französisch) das Studium abgeschlossen habe. Anschliessend arbeitete ich ein Jahr lang als Assistentin bei einem peruanischen Strafrechtsprofessor an der Universität Freiburg. Während meines Studiums und des Assistenzjahres hatten sich bei mir vor allem drei Interessen herauskristallisiert, welche sich durch meinen Werdegang später auch zu Stärken entwickeln sollten: Strafrecht, Sprachen und die internationalen Aspekte des Rechts sowie internationale Beziehungen. Ich arbeitete zunächst beim Bundesamt für Polizei und anschliessend beim Bundesamt für Justiz in Bern als wissenschaftliche Mitarbeiterin auf dem Gebiet Internationale Rechtshilfe in Strafsachen. Zu meinem Aufgabenbereich gehörten auch Kontakte mit nationalen und ausländischen Behörden. Dabei konnte

ich alle meine Sprachkenntnisse täglich anwenden. Im Laufe der Jahre ist die Schweiz auch zu meiner zweiten Heimat geworden. Ich verfolgte gleichzeitig mit grossem Interesse die historischen Entwicklungen auf dem Gebiet des Völkerstrafrechts: Am 1. Juli 2002 trat das Römische Statut des Internationalen Strafgerichtshofes in Kraft und der Gerichtshof, unter dessen Gerichtsbarkeit schwerste Verbrechen des Völkerstrafrechts liegen, wurde in Den Haag errichtet. Seit 2004 bin ich als Beraterin auf dem Gebiet Internationale Rechtshilfe in der Anklagebehörde des Internationalen Strafgerichtshofes in Den Haag tätig.

Wenn ich auf meinen Werdegang zurückblicke, dann hat die Schweizerschule darin eine wesentliche Rolle gespielt. An erster Stelle ist die schulische Ausbildung zu erwähnen, welche es mir erlaubt hat, in der Schweiz den Übergang überhaupt zu schaffen. Hinzu kommt, dass meine Mutter während meiner Schuljahre und noch bis Ende dieses Jahres, Lehrerin und Leiterin der Primarschule am Colegio Pestalozzi ist. Ich selber habe an der Schule nach dem Schulabschluss ein viermonatiges Praktikum im Kindergarten gemacht, und mittlerweile besucht Gabriel, mein Neffe, die zweite Primarschulklasse. Zur schulischen Ausbildung kam die menschliche und persönliche Entwicklung hinzu. Während 13 Jahren habe ich mit den gleichen Kindern dieselbe Schule besucht, aus jener Zeit stammt ein Teil meiner engsten Freundschaften, die über all die Jahre bis heute gehalten haben. Die Schweizerschule in Lima hat für mich einen Stellenwert, der weit über die gewöhnliche Bedeutung einer Schule hinausreicht.»

(Publiziert 2010)

Walter Thurnherr
Bundeskanzler

Walter Thurnherr studierte nach der Kantonsschule in Aarau Theoretische Physik an der ETH. Nach Studienabschluss trat er in den diplomatischen Dienst ein, zunächst als Attaché der schweizerischen Botschaft in Moskau. Von 1991 bis 1995 war er Mitarbeiter im Politischen Sekretariat des EDA, von 1995 bis 1997 Gesandter an der Botschaft in Moskau. Von 1997 bis 1999 war er persönlicher Mitarbeiter von Bundesrat Flavio Cotti. Er stieg 2000 zum Chef der damaligen Politischen Abteilung VI des EDA auf, die für alle Konsularschutzfälle im Ausland zuständig war. Ab 2002 war er ein Jahr lang Generalsekretär des EDA, ehe er 2003 ins Eidgenössische Volkswirtschaftsdepartement (EVD) wechselte und dort die gleiche Funktion ausübte. Ebenfalls Generalsekretär war er ab 2011 im Eidgenössischen Departement für Umwelt, Verkehr, Energie und Kommunikation (UVEK). Im Dezember 2015 wurde er von der Bundesversammlung zum Bundeskanzler («8. Bundesrat») gewählt und 2019 in seinem Amt bestätigt. Der heutige Bundeskanzler Walter Thurnherr verfasste im Jahresbericht 2015 von educationsuisse ebenfalls einen Artikel. Er war damals im Rang eines Botschafters unter anderem auch für die Schweizer Auslandsschulen zuständig und gleichzeitig Mitglied des KSA-Vorstands. Rudolf Wyder und der KSA Präsident trafen ihn von Zeit zu Zeit zu einem Mittagessen in einem Restaurant in Bern. Walter Thurnherr war stets bereit, wertvolle Hinweise zur Lösung von Problemen der Schweizerischen Auslandsorganisation und der Auslandsschulen zu geben.

Als Botschafter Thurnherr noch Mitglied des KSA Vorstandes war, hatten wir grosse Schwierigkeiten mit der Führung der Schweizer Schule Rio de Janeiro und mit einigen ehemaligen Lehrpersonen dieser Schule. Diese fühlten sich ungerecht behandelt, wollten ihre Probleme von offizieller Stelle behandelt wissen und drohten mit der Veröffentlichung ihrer Meinung über die unhaltbaren Zustände in dieser Schule, was für den Ruf der Schweizer Auslandsschulen schädlich gewesen wäre. Die fünf ehemaligen Lehrer*innen trafen dann für eine von ihnen verlangten Unterredung mit den zuständigen behördlichen Stellen im Büro von Botschafter Thurnherr in Bern ein, wobei der KSA-Präsident ebenfalls anwesend war. Die sehr aufgebrachte Delegation listete ihre Vorwürfe ununterbrochen auf, wobei zwei davon dermassen beleidigend waren, dass Walter Thurnherr sie darauf aufmerksam machen musste, dass diese Beanstandungen so scharf und beleidigend formuliert seien, dass diese, sollten sie von ihnen schriftlich oder mündlich weiterverbreitet werden, zu einem Strafverfahren von Seiten der angegriffenen Personen führen könnten. Ich habe Walter Thurnherr bewundert, wie er auf jeden einzelnen Vorwurf ruhig eingegangen ist, nachgefragt hat und alle Aussagen exakt aufgeschrieben hat. Im Verlauf von etwas mehr als einer Stunde gelang es Walter meisterhaft, diese fünf ehemaligen Lehrer und Lehrerinnen zu beruhigen. Jedenfalls hörte ich nie mehr irgendetwas von ihnen. Es muss diesen Lehrpersonen allerdings zugutegehalten werden, dass die Führung dieser Schule Fehler gemacht hatte und das KSA von der Schule Rio eine Behebung dieser Mängel schriftlich und vor Ort verlangte.

Im Interview mit Walter Thurnherr, Bundeskanzler, wurde er gefragt, wie er die Zusammenarbeit damals erlebt hat:
«Ich habe die Zusammenarbeit mit dem ASO und mit den Schweizerschulen im Ausland immer sehr geschätzt. Da ich ohnehin ein Fan von guter und unterhaltsamer Bildung bin – und durch meine Tätigkeit im EDA auch direkt betroffen war – hatte ich mich sehr für die Unterstützung der Schweizerschulen eingesetzt».
Thurnherr wurde im Interview weiter gefragt, ob es persönliche Erlebnisse und Eindrücke gebe, an die er sich gerne erinnere:
«Die Besuche, die ich selbst an Schweizerschulen gemacht habe. In Mailand hätte ich beinahe einmal in den Mathematikunterricht eingegriffen, um mitzuhelfen, für die Schüler einfachere Erklärungen zu finden.»

An den Konferenzen der Präsident*innen und Schulleiter*innen haben wir stets – wie das auch heute noch der Fall ist – neben renommierten Bildungsspezialisten auch Parlamentarier*innen und Vertreter*innen der Patronatskantone an einem halben Tag mit einem gemeinsamen stehenden Mittagessen eingeladen. Ebenso wichtig wie der Programminhalt der Konferenzen sind die informellen Gespräche, der persönliche Kontakt und der Erfahrungsaustausch unter den Schulverantwortlichen. Die Konferenz ergibt auch einen wichtigen Bezug zum Bildungsplatz Schweiz und ermöglicht Gespräche zwischen den anwesenden Vertreterinnen und Vertreter der Bildungs- Hochschulen und der Bundesbehörden (z. B BAK).

Für Besuche bei unseren Schulen im Ausland, vor allem für solche in Lateinamerika und Asien fehlten lange Zeit die nötigen finanziellen Mittel.

Max D. Amstutz
ehemaliger Präsident der
Stiftungen
Fundacion Educacion und
Max Amstutz

Deshalb musste ich einige wenige solche Reisen ganz am Anfang meiner KSA Leitung selbst berappen. Zum Glück war ich damals auch als Stiftungsratsmitglied von zwei erfolgreichen schweizerischen Stiftungen tätig, die Stipendien in Lateinamerika für begabte Kinder aus armen Verhältnissen vergaben. Besuche zur Überwachung des Erfolgs dieser Stipendien zusammen mit dem Stiftungspräsidenten Max Amstutz in diesen Ländern ermöglichte es mir, mehrere unserer Schulen trotz prekären finanziellen Verhältnissen zu besuchen. In der zweiten Hälfe meiner Amtszeit mussten wir zwar immer noch sparen, dank erstmaligen Sponsorenbeiträgen der Schulen (CHF 20 pro Schüler*innen) an das KSA verbesserte sich die finanzielle Lage einigermassen, so dass Schulbesuche vermehrt möglich waren.

14   **Schulbesuche bei Jubiläen unserer Schulen**

Besonders interessant waren Schulbesuche bei Jubiläen. Ich möchte von drei solchen Begegnungen erzählen, stellvertretend für andere derartige spannende und lehrreiche Anlässe:

2004 feierte die kleine **Schweizerschule Catania** ihr 100-jähriges Bestehen. Einfallsreichtum und Engagement waren gewaltig. Das Fest fand vom 28. bis am 30. Mai statt und lockte zahlreiche Sympathisanten aus der Schweiz und Italien an. Viele ehemalige Lehrpersonen sowie Schülerinnen und Schüler waren in der Schule versammelt und verfolgten die Darbietungen der Kinder. Die Familie

Scuola Svizzera Catania,
in Italien

Brodbeck war vertreten durch Loretta und Sandra Brodbeck. Loretta als Schuldirektorin, die Schwester Sandra als Schweizerische Honorarkonsulin für Sizilien und der Bruder Paolo (Unternehmer und Kunstsammler) als Präsident der Schule. Bei der Familie Brodbeck handelte es sich um die vierte Generation von Schweizerischen Auswandern. Erstaunlich dabei war auch die Tatsache, dass alle drei Geschwister Schweizerdeutsch ohne Akzent sprachen, obschon die Mutter eine Italienerin war. Ganz speziell war auch das Galadinner in einem Palazzo einer adligen Familie (in Catania und in ganz Sizilien gibt es immer noch mehrere davon). Der Champagner Apéro fand im Vorhof des Palastes statt. Fackeln beleuchteten diesen eindrücklichen Vorhof (auf dunklen Lavasteinen gebaut, stammend vom nahegelegenen Ätna Vulkan) und auch die Treppe des fürstlichen Eingangs war mit Fackeln beleuchtet. Anschliessend wurde man in den grossen Saal des mit Fresken farbig bemalten grossen Kuppelbaus geführt, ausgestattet mit mehreren Kristallleuchtern. In Erinnerung geblieben ist mir auch ein runder Ausschnitt (Durchmesser ca. 6 Meter) zuoberst im Kuppelbau. Offenbar war dies der Ort, wo früher ein Orchester die Gäste mit schöner Musik unterhielt. Leider brach sich die Frau des Schweizerischen Botschafters, Alexis P. Lautenburg, in Rom infolge eines Misstritts auf der breiten Treppe zum Eingang des Palastes einen Fuss und musste sofort ins Spital eingeliefert werden. Das grosszügige Innere des Palasts erinnerte mich irgendwie an den Roman und Film «Il Gattopardo» des Schriftstellers und Adeligen Guiseppe Tomasi di Lampedusa. Basierend auf seiner eigenen Familie beschreibt Lampedusa den allmählichen

Loretta Brodbeck
langjährige Schulleiterin Catania. Danach Schulpräsidentin Catania

Paolo Brodbeck,
Unternehmer, Kunstsammler, Schulpräsident und **Nadia Brodbeck,** heutige Schuldirektorin der Scuola Svizzera Catania

Machtverlust einer sizilianischen Adelsfamilie in Folge des Risorgimentos (1815 entstand diese Bewegung für Freiheit und nationale Unabhängigkeit).

Dieses elegante Galadinner mit mitternächtlichem Tanz war einer der Höhepunkte dieser 100-Jahrfeier. Nach der Begrüssungsansprache des Präsidenten der Schule, Paola Brodbeck, folgten unter anderem Kurzreferate des Schweizer Botschafters in Rom und des Präsidenten des KSA. Zum Jubiläum wurde ein Buch und eine DVD herausgegeben. Die Besitzerin (eine Contessa) des Palastes wohnte in einem der Nebengebäude.

Ein zweites Beispiel eines Schulbesuchs zu einer Jubiläumsfeier: **40-Jahr-Jubiläum der Schweizerschule Mexiko** (Besuch Anfang März 2005). Die Schweizerschule Mexiko verzeichnete akademische Erfolge und erfreute sich finanzieller Robustheit. Über 700 Schülerinnen und Schüler besuchten diese Schule, welche mitten in der Stadt liegt.

Der Besuch der Schulgebäude und insbesondere des Neubaus sowie die kurzen Klassenbesuche erlaubten Einblicke in die Infrastruktur und Unterrichtsweise. Der Englisch- und Französischunterricht wird von Lehrer*innen der jeweiligen Muttersprache erteilt. Dadurch erzielt die Schule sehr gute Lernresultate. Verblüfft hatten die Deutschkenntnisse der 5-jährigen Kinder im Vorschulalter. Bereits im Vorfeld

des Festaktes fanden eine Reihe von Veranstaltungen statt: Theateraufführungen, Fussballturniere, eine moderierte Darbietung der Ehemaligen mit den Schülern, etc.

Beim grossen Festakt zum 40-Jahr-Jubiläum waren die Schüler mit Gesängen, Tänzen und sportlichen Aktivitäten involviert. Als auswärtiger Redner traten der Schweizer Botschafter in Mexiko, Gian Federico Pedotti, und der Präsident des KSA auf. Die vielen ehemaligen Schülerinnen und Schüler, die aus dem In- und Ausland (USA, Kanada und Europa) angereist waren, bewiesen mit ihrer Präsenz die Verbundenheit mit der Schule. Für diese Gruppe war ein spezieller Anlass durchgeführt worden.

Der KSA-Präsident hielt seine Ansprache auf Spanisch. Er erklärte u.a.: «In den Gastländern werden die Schulen als schweizerische Qualitätsprodukte hochgeschätzt. Obwohl ihre Bedeutung als Faktoren schweizerischer Präsenz im Ausland unbestritten ist, hatten sie in den letzten Jahren zunehmend mit existentiellen Problemen zu kämpfen. Probleme im Zusammenhang mit Kriminalität und Drogenkonsum auf der Seite der Schüler und Multikulturalität als Lern-Bremsklotz sind mir an unseren Schulen nicht bekannt. Bei der Rückkehr der Schweizer Lehrer und Lehrerinnen profitiert die Schule in der Schweiz von der Erfahrungsquelle der Schweizerschule im Ausland in Bezug auf Multikulturalität, Internationalität und Mehrsprachigkeit. Die Schule fördert die kulturelle Präsenz der Schweiz im Ausland. Mit ihrem sozialen und kulturellen Engagement, verstärken sie das Verständnis und den Austausch von Erfahrungen zwischen der Schweiz und dem Gastland.

Die Schweizerschule in Mexiko leistet einen bedeutenden, dauerhaften Beitrag zur Präsenz und zum Ansehen der Schweiz. Im Gegensatz zu vielen Schweizerschulen im Ausland steht das «Colegio Suizo de Mexico» auch finanziell auf einer soliden Basis und war deshalb in der Lage, in den letzten Jahren die notwendigen Investitionen problemlos durchzuführen und gute Lehrpersonen anzustellen.»

Ambros Hollenstein
Direktor der Schweizerschule in Mexiko

Nach den offiziellen Feierlichkeiten konnte ich mit Ambros Hollenstein, dem Direktor der Schule, noch das neue Gebäude der Filialschule in Cuernavaca besuchen. Auf der Rückreise fuhren wir wiederum bei der «Universidad Nacional Autonoma de Mexico» (UNAM) vorbei. Dabei wurde ich beinahe von nostalgischen Gefühlen überwältigt. Während den Sommerferien 1963 der «University of Chicago Law School» verbrachte ich als Student 2 ½ Monate an der UNAM und nahm an einen rechtsvergleichenden Kurs (derecho de comparado) teil. Ich frage Ambros Hollenstein, ob er mich noch an den Ort meiner damaligen Schlummermutter Senora Ortiz y Ortiz an der Calle Antonio Sola bringen könnte, was er ohne weiteres tat. Ich erkannte sofort mein damaliges zu Hause und klingelte. Zu meinem grossen Erstaunen wurde die Tür von ihrem Sohn geöffnet und wir fielen uns vor Freude um den Hals. Zu meiner Zeit war er Assistenzprofessor an der UNAM. Er zeigte mir und Ambros das ganze Haus, und speziell mein ehemaliges Zimmer. Dieses sah nach 40 Jahren absolut unverändert aus. Ortiz hatte das bekannte Buch des englischen Schriftstellers Malcom Lowry «Under the Volcano» auf Spanisch übersetzt. 1984 entstand eine amerikanische Literaturverfilmung des gleichnamigen Romans.

Ambros hatte neben seinen pädagogischen Fähigkeiten noch ein Flair für Wirtschaftsfragen und war verantwortlich für die Erstellung eines Business Plans für eine weitere neue Schule in Querétaro, die spätere zweite erfolgreiche Filialschule der Schweizer Schule Mexico DF. Querétaro ist eine aufstrebende Stadt mit ungefähr 1.8 Mio. Einwohnern. Sie liegt in Zentralmexiko (an der Hauptachse in die USA) ca. 200 km nordwestlich der von Mexiko-Stadt und ist auch bekannt für seine spanische Kolonial-Architektur.

Universidad Nacional Autonoma de Mexico (UNAM)

Kein Wunder wurde Ambros mit seinen Fähigkeiten neue Schulen zu gründen, eines Tages von der Kaleidos Ausbildungsgruppe in der Schweiz angestellt für Neugründungen und Führung von Internationalen Schulen in der Schweiz und Deutschland ernannt. Diese Aufgabe gelang ihm vorzüglich.

Die Kaleidos-Gruppe wurde von drei Schweizern mit bescheidenen Eigenmitteln gegründet, welche die damalige AKAD kaufen konnten und diese ständig weiter ausbauten bis zur grössten privaten schweizerischen Bildungsorganisation. Einer der drei Besitzer hiess Christian Zindel und war früher als Sekundarlehrer Schulleiter der Schweizer Schule Bogotá in Kolumbien, wo ich ihn kennen lernte. Danach arbeitete er wiederum erfolgreich bei Holcim für zwei Jahre unter meiner Führung für Management Development in Lateinamerika. Anschliessend wurde er einer der drei Mitbesitzer der Kaleidos Gruppe. Im Jahr 2019 wurde die Kaleidos Gruppe von einer noch grösseren deutschen Bildungsgruppe, der Klett-Gruppe übernommen. Dies ergab eine Bildungsgruppe in der Grösse von rund 750 Mio. Euro. Christian Zindel und seine beiden Partner waren über Nacht reich geworden und zogen sich aus dem Geschäft vollständig zurück. Kalaidos wird von Ambros Hollenstein als CEO geführt. Zusammen mit der Klett Gruppe, zu der Kalaidos seit 2019 gehört, gestaltet er die strategische Entwicklung der Kalaidos Bildungsgruppe.

Christian Zindel
war Sekundarlehrer und Schulleiter an der **Schweizer Schule Bogotá** in Kolumbien (unten)

Das Spannungsfeld zwischen den Polen Wissensvermittlung und Kompetenzentwicklung

Als Leiter der Kaleidos schreibt Ambros Hollenstein im Editorial des Jahresberichts 2021 u. a.: «Wer gegenwärtig Bildungspläne reformiert, Curricula entwickelt oder Unterricht plant, bewegt sich im Spannungsfeld zwischen den Polen Wissensvermittlung und Kompetenzentwicklung. Dem einen Standpunkt, dass Bildung primär der Vermittlung von umfassendem Wissen dienen soll, liegt das humboldtsche Ideal zugrunde, dass mündige Bürgerinnen und Bürger zum Bildungsziel erklärt. Dem steht die andere Auffassung gegenüber, dass die Schulung von Fertigkeiten und Fähigkeiten im Vordergrund zu stehen hat. Diese Sichtweise folgt dem Gedanken, dass die Studierenden und Lernenden auf die stetig verändernden Anforderungen des Arbeitsmarktes vorzubereiten sind. Weil die zeitlichen Ressourcen auch im Bildungswesen begrenzt sind und die Aufnahmefähigkeit von Studierenden und Lernenden endlich ist, sind in diesem Spannungsfeld immer wieder Gewichtungen vorzunehmen und Richtungsentscheide zu treffen.»

Rudolf Minsch
Stellvertretender Vorsitzender der Geschäftsleitung und Chefökonom economiesuisse

Roger Wehrli
Stellvertretender Leiter Allgemeine Wirtschaftspolitik und Bildung economiesuisse

Einen interessanten Beitrag zu diesem Thema im erwähnten Jahresbericht haben Prof. Dr. Rudolf Minsch, Stellvertretender Vorsitzender der Geschäftsleitung und Chefökonom economiesuisse und Dr. Roger Wehrli, Stellvertretender Leiter Allgemeine Wirtschaftspolitik und Bildung economiesuisse gemacht und zwar unter dem Titel *Kompetenzen der Zukunft an Gymnasien stärker fördern*: «In den Gymnasien besitzen die einzelnen Fächer einen hohen Stellenwert. Bei der laufenden Revision der Maturität wird auch die Gewichtung der einzelnen Fachbereiche diskutiert. Dabei verteidigen die Fachschaften ihre Fächer teilweise vehement, obwohl die Kompetenzen, die zur Erreichung der beiden gymnasialen Bildungsziele 'allgemeine Studierfähigkeit' und vertiefte Gesellschaftsreife benötigt werden, eigentlich im Zentrum der Diskussionen stehen müssten. *Kompetenzen der Zukunft fördern:* Technisch orientierte Berufe werden weiter an Bedeutung gewinnen und in nicht-technischen Berufen werden die digitalen Kompetenzen immer stärker gefragt sein. Es ist also für alle unverzichtbar, digitale Werkzeuge und Techniken richtig nutzen zu können und sich die Grundzüge von computation thinking zu verinnerlichen. Ebenso müssen wirtschaftliche und rechtliche Fragen im Unterricht einen höheren Stellenwert haben. Nur schon für Volksabstimmungen sollten Maturandinnen und Maturanden fähig sein, volkswirtschaftliche Konsequenzen ihrer Entscheidung einschätzen können: und im Alltag kann betriebswirtschaftlichen und rechtlichen Fragen nicht ausgewichen werden. Da die Gymnasien immer noch stark in Fächern denken, müssen ‹Informatik› und ‹Wirtschaft und Recht› verbindliche Grundlagenfächer werden, damit diese Kompetenzen tatsächlich an allen Gymnasien vermittelt werden.

Basale Kompetenzen und überfachliche Kompetenzen stärker fördern
Des Weiteren sind insbesondere die basalen Kompetenzen ohne Kompromisse zu fördern. Alle Maturandinnen und Maturanden müssen diese erreichen. Denn sie sind für den Studienerfolg zentral. Die bisherigen Bemühungen zur Stärkung der basalen Kompetenzen sind weiterzuführen und auszubauen. Aber nicht nur Kompetenzen, die einem Fach zugeordnet werden können, sind wichtig. Bereits heute sind die sogenannten *soft skills*, wie zum Beispiel die Fähigkeit kritisch und innovativ zu denken, Problemlösungsfähigkeiten, Selbstmanagement und das Zusammenarbeiten mit anderen Personen, auf dem Arbeitsmarkt gefragt. Im heutigen MAR/MAV werden neben den fachlichen auch die überfachlichen Kompetenzen für die Erreichung der gymnasialen Bildungsziele erwähnt und im nationalen Rahmenlernplan angesprochen. Während aber die anzubietenden Grundlagenfächer definiert und deren Anteile an der Unterrichtszeit geregelt sind, gibt es keine genauen Vorgaben betreffen die fächerübergreifenden Arbeitsweisen. Untersuchungen zeigen, dass die Interdisziplinarität in den Lehrplänen der einzelnen Gymnasien in vielen Fällen nicht oder nur ungenügend berücksichtig wird. Daher ist diese verbindlich zu regeln und integral über alle Fächer zu fördern.» Rudolf Minsch leitet innerhalb des Dachverbands der Schweizer Unternehmen den Bereich Wirtschaftspolitik, Bildung und Gesundheit. Er ist Mitglied der Wettbewerbskommission und Präsident der Energieagentur der Wirtschaft. Darüber hinaus wirkt er als Referent an der Weiterbildungsstufe der Universität St. Gallen und als Gastprofessor für Wirtschaftspolitik an der Hochschule für Technik und Wirtschaft (HTW) Chur, wo er bis zu seinem Stellenantritt bei economiesuisse als Professor tätig war.

In den Schweizer Schulen entstehen lebenslange enge Verbindungen mit der Schweiz bei Schülerinnen und Schüler auch ohne Schweizer Pass. Nicht wenige Ehemalige kommen zum Studieren oder als Touristen in die Schweiz und mit ihnen lassen sich leichter Geschäftsbeziehungen anknüpfen. Jedes Jahr verbringen mehrere Praktikant*innen des Ausbildungsberufs aus der Schweiz mehrere Monate in einer der Schweizerschulen im Ausland.

Drittes Beispiel eines Schulbesuchs an einer Jubiläumsfeier

Es folgt noch ein weiteres Beispiel eines Schulbesuchs (Juni 2013) im Rahmen des 50-jährigen Bestehens der **Schweizer Schule Bangkok** (mit dem offiziellen Namen: ‹RIS Swiss Section – Deutschsprachige Schule Bangkok›):

Am Vorabend der offiziellen Feier fand ein festliches Abendessen auf der Residenz der charismatischen, attraktiven und hilfsbereiten schweizerischen Botschafterin Christine Schraner Burgener statt. (heute Chefin des Bundesamtes für Migration und Staatssekretärin). Eine grosse Ehre erwiesen uns die von der Botschafterin eingeladenen thailändischen Gäste, nämlich der Erziehungsminister von Thailand und der Gouverneur von Bangkok. Aus der Schweiz kamen angereist: Hans Ambühl (KSA-Vorstandsmitglied und Generalsekretär der Erziehungsdirektoren-Konferenz), der KSA-Präsident und zwei langjährige Vertreter des Patronatskantons Luzern: Werner Schüpbach und Jürg Lustenberger. An folgenden Tag fand ein Besuch der festlich geschmückten Schule statt. Dabei bot sich Gelegenheit informelle Gespräche mit dem Direktor der Schule, Daniel Halter und mit Mitgliedern des Lehrkörpers sowie Schülerinnen und Schüler zu führen. Am späten Nachmittag fand die Übergabe der Maturazeugnisse in der grossen Aula statt. Jeder Maturand und Maturandin wurden auf der Bühne einzeln aufgerufen und erhielten von der Botschafterin persönlich das Maturitätszeugnis mit Gratulation überreicht, verbunden mit einem Kuss. Am Abend fand dann der Maturaball statt mit Orchester und fröhlich tanzenden Maturanden sowie einem festlichen thailändischen Nachtessen. Ich hatte die Ehre am Tisch von Frau Schraner Burgener und ihrem Mann, schweizerischer Botschafter in Burma, zu sitzen. Mit ihrem Mann teilten sie dann als Paar den Botschafterposten in Thailand.

Links: Die Schweizer Botschafterin in Thailand Frau **Schraner Burgener** und **Derrick Widmer**. Rechts: Das Gebäude der **Schweizerschule in Bangkok**

Rechtssicherheit bei den Subventionen des Bundes und nicht jährliche Festlegung der Subventionshöhe

16

Wie im Vorwort des KSA-Präsidenten im Jahresbericht 2007 festgestellt wurde, brauchen die Schulen unbedingt eine gewisse Rechtssicherheit hinsichtlich der Bundesbeiträge; und zwar wegen der Länge der Bildungsdauer, Erwartungen der Eltern, mehrjährigen Verträgen mit der Lehrerschaft, Engagement der Patronatskantone und Erhaltung des Images der Institution im Gastland. Diese notwendige Rechtssicherheit fehlte sehr lange.

Wie in allen Schulen bekannt war, – und bereits beschrieben – wurde der Budgetkredit «Ausbildung junger Auslandschweizer*innen» im Zuge der Sparbemühungen des Bundes, insbesondere infolge des Entlastungsprogramms 03 von 2004 bis 2007 schrittweise von CHF 18.9 Mio. auf CHF 16.1 Mio. gesenkt. Nachdem im Voranschlag der Eidgenossenschaft für 2008 unerwartet der Budgetkredit sogar auf 15.4 Mio. gekürzt wurde, drohte den Schweizerschulen im Ausland die Gefahr, dass sie ohne genügend Beiträge des Bundes ihren gesetzlichen Auftrag nicht mehr erfüllen konnten. Um diese Krise abzuwenden, war das KSA gezwungen, mit allen ihm zur Verfügung stehenden Möglichkeiten, Mitgliedern des eidgenössischen Parlaments die Folgen eines solchen fatalen Entscheides zu erklären. Die geplante Senkung der Bundesbeiträge musste verhindert werden. Glücklicherweise haben die eidgenössischen Räte bei der Beratung des Voranschlages des Bundes 2008 beschlossen (am Ende der Dezembersession 2007), den Budgetkredit ‹Ausbildung junger Auslandschweizer*innen› entgegen der vorgeschlagenen Kürzung von CHF 15.4 Mio. auf CHF 20 Mio. zu erhöhen. Diese Zahl stützte sich auf den Bericht resp. Finanzanalyse der Auslandschweizer-Ausbildungskommission, welche den Auftrag hat, den Bundesrat (Departement des Innern) in dieser Sache zu beraten.

Rudolf Wyder
Direktor ASO
(1989 – 2013)

Dieser höchst erfreuliche Beschluss der Eidgenössischen Räte kam nur auf Grund einer effizienten Interessenvertretung bei gut gesinnten Parlamentarier*innen und durch den Einsatz der Patronatskantone zustande. Dabei hat die Auslandsschweizer-Organisation (ASO), d. h. Direktor Rudolf Wyder und sein Präsident, alt Nationalrat Georg Stucky, ihr über Jahre aufgebautes politisches Netzwerk genutzt, um sich für die Sache der Schweizer Schulen mit grossem Geschick und viel Energie einzusetzen.

Georg Stucky
alt Nationalrat, Präsident
der ASO (1998 – 2007)

Eine Grundvoraussetzung für diesen Erfolg war das durchwegs hohe pädagogische Niveau der Schulen und deren starke Ausstrahlung im Gastland. Das allein war für viele Parlamentarier*innen jedoch noch nicht genügend überzeugend. Mitentscheidend war auch, dass das Rechnungswesen und die 5-Jahrespläne der einzelnen Schulen und die vorgesehen Ersatz- und Neuinvestitionen transparent und glaubwürdig dargestellt worden sind. Auf Grund dessen konnte die Auslandschweizer-Ausbildungskommission – als Beraterin des Departementes des Innern – in ihrem Bericht vom 28. September 2007 die Notwendigkeit einer Erhöhung des Budgetkredits überzeugend vertreten.

Im Jahresbericht 2007 wurde weiter festgestellt, dass in den letzten Jahren die 17 vom Bund anerkannten Schulen im Ausland wieder vermehrt neue Schüler*innen gewonnen und ihre Effizient in betriebswirtschaftlicher Hinsicht laufend erhöht hatten. So war die Bundesunterstützung für 2007 von 16.1 Mio. im Vergleich zu den Totaleinnahmen aller Schulen von CHF 64 Mio. mit rund 25% relativ bescheiden. Noch anfangs der 90iger Jahre betrugen die Subventionen 50% der Gesamteinnahmen der Schulen.

Die qualitativ hochstehende Bildung kam 2007 einer Anzahl von rund 2000 Auslandschweizer Kindern zugute, aber auch 4 700 Kindern, welche zum Teil aus den Gastländern stammen, aber auch aus Drittstaaten.

Neben den Schulen erhielten 17 Kooperationen mit internationalen Schulen im Ausland Bundeshilfe für ca. CHF 1 Mio. Meist leistete der Bund Beiträge an das Salär von ein bis zwei Schweizer Lehrpersonen an diesen Schulen, die zusätzlich für ein auf die Schweiz ausgerichtetes Unterrichtsangebot besorgt sind (z. B. bei der German-Swiss International School Hongkong mit 130 Schweizer Kindern).

Das KSA und die Schulen waren nach wie vor überzeugt, dass das Parlament mit seinem Entscheid für die Erhöhung der Bundesbeiträge auf CHF 20 Mio. den auf lange Sicht angelegten Schulen eine längerfristige Rechtssicherheit bieten wollte. Es wurde deshalb auch in den nächsten Jahren mit Bundesbeiträgen gerechnet, mit denen die Schweizer Schulen ihren gesetzlichen Auftrag erfüllen konnten. Dagegen hielt die Eidgenössische Finanzverwaltung (EFV) für das KSA und die Schulen völlig überraschend fest, dass die Erhöhung des Budgetkredits 2008 nicht nachhaltig sei. Das bedeutete, dass für die nächsten Jahre wiederum massive Kürzungen drohten, und das KSA mit seinen Verbündeten erneut herausgefordert waren, in zeitaufwändiger Aufklärungsarbeit übertriebene und nicht berechtigte Abstriche an den Bundesbeiträgen für die Schulen zu verhindern.

In vielen Gesprächen mit Parlamentarier*innen hatte sich gezeigt, dass die Schulen zwar als wichtige Sympathieträger angesehen wurden, dass diese Rolle aber nicht mehr genügte, um Schulschliessungen wegen massiven Sparmassnahmen zu verhindern. Zudem war der KSA- Präsident der Auffassung, dass statt Schliessungen zusätzlich neue Schulen in den für die Schweizer Wirtschaft bedeutenden Märkte wie China, Indien, Russland und Vietnam gegründet werden sollten. Für solche Projekte braucht es die Überzeugung der Entscheidungsträger.

Der Weg dahin führt über eine wirksame Vermarktung der Idee der Schweizerschulen im Ausland. Ihre langfristige Strategie, aussenpolitische Bedeutung und ihr Nutzen sind noch längst nicht ausreichend profiliert im öffentlichen Bewusstsein und bei den Parlamentarier*innen verankert. Die Schulen als auch das KSA haben mit Webpages, Newsletter und Jahresberichten sowie in Kontakten mit Journalist*innen bereits transparent kommuniziert. Der strategische Ansatz des Marketings, die Argumente und die Werkzeuge müssen noch professioneller gestaltet werden, so dass der Auftritt der Schulen in der Schweiz kantiger und effizienter auffällt. Diese Auffassung vertrat der KSA Präsident bereits 2007 und ist auch heute noch dieser Meinung.

18   **Positives Ende des jahrelangen Streits um den angeblich von den Schulen zu bezahlenden Fehlbetrag bei der PUBLICA**

Zur Vermeidung der Hauptforderung der PUBLICA seit dem Jahre 2000, den versicherungstechnischen Fehlbetrag von CHF 6,6 Mio. den Schweizer Schulen aufzubürden, hat das KSA bei der Eidgenössischen Finanzverwaltung ein aktualisiertes Härtefallgesuch eingereicht, damit der Fehlbetrag vom Bund übernommen wird.

Im Berichtsjahr 2009 war es endlich soweit: Das Parlament folgte dem Antrag des Bundesrates, dass ein Härtefall tatsächlich vorlag und der Fehlbetrag vom Bund übernommen wurde. Damit fiel auch die jährliche Zinszahlung von CHF 270 000 weg, die jeweils auf die Schulen – nach einem Schlüssel des Bundesamtes für Kultur – aufgeteilt wurde. Dies geschah unter zwei Bedingung: die Schulen (vertreten durch das KSA) dürfen nicht aus der PUBLICA austreten und die betroffenen Versicherten, die sogenannten ‹Garantiefrauen› dürfen nach ihrer Pensionierung nicht weiter berufstätig sein.

19   **KSA NEWS und noch bessere Transparenz im Rechnungswesen**

Die jährliche Konferenz der Präsident*innen und der Schulleiter*innen sowie die oben beschriebenen Massnahmen haben zur Verbesserung einer transparenten Kommunikation zwischen KSA und den Schulen beigetragen. Diese richten sich anderseits an die Patronatskantone und an interessierte Parlamentarier*innen, um ungünstigen Informationsdefiziten bei Entscheidungsträgern vorzubeugen.

Mit dem Mandat an den Business-Consultant Kurt Wegmann (als Nachfolger von Kurt Häfeli) hat das KSA einen weiteren Schritt zur Vereinheitlichung und zur besseren Transparenz des Rechnungswesens der einzelnen Schulen unternommen. Diese Aufgabe erhielt mit den Diskussionen um die Reduzierung oder Erhöhung des Budgetkredits neues Gewicht. Anlässlich der Präsident*innen- und Schulleiter*innen Konferenz 2007 hat Kurt Wegmann eine Analyse der Finanzrechnungen 2005/2006 erläutert und dabei gutes Echo bei den Teilnehmern*innen gefunden.

Im Vorwort des KSA-Präsidenten des Jahresberichts 2009 steht, dass glücklicherweise die Finanz- und Wirtschaftskrise in der Schweiz weniger stark in Erscheinung getreten ist als in den meisten Ländern und hat hinsichtlich Bundesbeiträge an unsere Schulen bisher keine Spuren hinterlassen. Allerdings wurden einige Schulen durch die Krise ziemlich schwer getroffen, indem ein Teil der Eltern von Schülern nicht mehr in der Lage war, die Schulgelder zu bezahlen und ihre Kinder aus der Schule nahmen. Dies führte im Berichtsjahr 2008 für einige Schulen zu erheblichen Einnahmerückgängen.

KSA-NEWS

Eine Innovation im Jahr 2007 war die Publikation der ersten drei Ausgaben des KSA-Newsletters. Andrea Spring initiierte und überwachte die Beiträge und stellte mit Enthusiasmus diese zusammen und sorgte dafür, dass die NEWS zu allen Schulverantwortlichen und weiteren interessierten Personen gelangten. Andrea, die Assistentin und Kollegin von Irène Spicher bildeten zusammen die Geschäftsstelle. Der neu geschaffene KSA-Newsletter entsprach einem aktuellen Informations- und Kommunikationsbedürfnis. Diese «News» halfen die Kommunikation zwischen dem Dachverband und den Schulen zu verbessern. Er richtete sich auch an die Patronatskantone und and interessierte Mitglieder des Parlaments, um ungünstigen Informationsdefiziten bei Entscheidungsträgern vorzubeugen.

Repetition des Themas Betriebswirtschaft an den jährlichen Konferenzen

Das Thema Betriebswirtschaft musste von Zeit zu Zeit auch später wiederum auf die Traktandenliste der jährlichen Konferenzen gesetzt werden, da praktisch pro Jahr mehrere neue Schulleiter*innen ihren Auslandeinsatz antreten. So zum Beispiel an der Konferenz 2013 in Glarus, dem Patronatskanton der Schule Bergamo:

Konferenz 2013 in Glarus

Jörg Wiedenbach, Generaldirektor Schweizer Schulen in Mexiko, berichtete über seine Erfahrungen mit dem an der Schule eingeführten internen Controlling. Mit 140 Lehrkräften und 1 315 Schülern erzielen die drei Schweizer Schulen in Mexiko-Stadt, Cuernavaca und Querétaro einen Jahresumsatz von rund neun Millionen Franken. Um diesen Betrieb finanziell sicher und transparent zu manövrieren, nutzt die Schule ein internes Controlling- und Reporting-Konzept mit einem Fünfjahreshorizont. Dabei gelte es, die finanziellen Key Drivers fest im Auge zu behalten, berichtet Wiedenbach. Neben den Einschreibegebühren, Schulgeldern und Stipendien zählt er die Schülerzahlen, Lohnerhöhungsrichtlinien und Investitionen zu den Haupteinflussfaktoren auf das Resultat. Langfristige Infrastrukturprojekte, die strikte Zentralisierung der Investitionsentscheide und die starke Cash-flow-Orientierung sowie gute Kostendisziplin halten das Unternehmen auf Kurs. Mit dem vierteljährlichen Budgetvergleich lassen sich Abweichungen frühzeitig erkennen.

Martin Hutzli
Vorstandsmitglied von educationsuisse

Kurt Schneider, Business Consultant beim BAK und Martin Hutzli, Vorstandsmitglied von educationsuisse, präsentierten die betriebswirtschaftlichen Resultate des Jahres 2013:

Den aggregierten Finanzabschluss der Schulen stellt Kurt Schneider vor, erklärt hierbei seine betriebswirtschaftlichen Analysen und erläutert seine Schlussfolgerungen aus operativen sowie strategischer Perspektiven. Die Steigerung der Einnahmen aus Schulgeldern von knapp neun Prozent bei einem überproportionalen Anstieg der Personalkosten und gleichzeitigem Sinken der übrigen Betriebskosten zählen ebenso zu den positiven Highlights der vergangenen Berichtsperiode wie der regelmässig ansteigende Betriebsgewinn. Gleichzeitig bildete sich der Verschuldungsgrad der Schulen zurück.

Revision des Bundesgesetzes 1987 über die Förderung der Ausbildung junger Auslandschweizer*innen (AAG). Interviews mit Rudolf Wyder und Thomas Schmidheiny

20

Bis dahin wurde die Höhe der finanziellen Unterstützung des Bundes regelmässig in Frage gestellt. Kaum war ein Bundesbudget unter Dach, begann der aufwändige Kampf um die Kontinuität der Unterstützung in den Folgejahren. Dies verunmöglichte den Schulen eine zuverlässige langfristige Planung, welche sie aus bereits erwähnten Gründen unbedingt vornehmen müssen.

Eine weitere, sogar noch gefährlichere Situation der Schulen, konnte glücklicherweise abgewendet werden: Die Bundesbeiträge sollten im Rahmen der «Aufgabenüberprüfung des Bundes» untersucht werden. Es kam aber glücklicherweise anders. Eine Motion der Finanzkommission des Ständerates vom 5. Mai 2009 beauftragte den Bundesrat, dem Parlament gleichzeitig mit dem Voranschlag 2010 und dem Finanzplan 2011-13 einen Bericht über die Schweizerschulen im Ausland zu unterbreiten.

Der Bericht, der in Erfüllung dieses Auftrags erfolgte, gab dem Bundesrat die Gelegenheit, in einen Rückblick die heutige Situation im Lichte der Erfahrungen mit dem Auslandschweizer-Ausbildungsgesetz (AAG) seit dessen Inkrafttreten im Jahr 1988 zu analysieren und in einem Ausblick drei Handlungsalternativen aufzuzeigen, die alle eine Revision des AGG voraussetzten:

Als erste Alternative (I) wurde im Bericht die Einstellung jeglicher Bundeshilfe vorgeschlagen.

Die zweite Variante (II) sah ein Förderungskonzept vor, das im Rahmen der Aufgabenüberprüfung eine Reduktion des Bundesengagements um die Hälfte zur Folge gehabt hätte (nur noch CHF 10 Mio. statt bisher 20 Mio.).

Die dritte Variante (III) hatte eine Aktualisierung und Optimierung des heutigen Förderkonzepts zum Inhalt (weiterhin 20 Mio.). Die schweizerische Bildungspräsenz im Ausland soll mit den zur Verfügung stehenden Mitteln verstärkt und verbessert werden. Der Bundesrat nannte im Bericht mehrere Gründe, die für das Förderkonzept sprachen.

Pius Segmüller
CVP alt Nationalrat

Im Berichtsteil «Ausblick» wird zudem die Motion Segmüller 09.3550 «Längerfristige Sicherstellung der Bundesbeiträge an die Schweizer Schulen im Ausland» thematisiert und aufgezeigt, wie dem Anliegen einer Festlegung der Beiträge an die Auslandsschulen für eine ganze Legislaturperiode entsprochen werden könnte. Pius Segmüller war Armeeinstruktor, Kommandant der Stadtpolizei Luzern, Kommandant der Schweizergarde im Vatikan (1988 bis 2002) und CVP-Nationalrat.

Am 15. Oktober 2009 wurden diese Motion sowie der Bericht des Bundesrates in der Kommission für Wissenschaft, Bildung und Kultur des Nationalrates (WBK-N) behandelt. Im Vorfeld dieser Sitzung gab das KSA eine schriftliche Stellungnahme zuhanden der WBK-N zu dem vom Bundesrat am 19. August 2009 gut geheissenen Bericht ab. Dabei wurde in einem mehrseitigen Papier Stellung genommen zu den drei vom Bundesrat vorgeschlagenen Varianten und gleichzeitig die Variante III unterstützt. Die KSA Geschäftsführerin und der Präsident wie auch die Präsidentin der Auslandschweizer-Ausbildungskommission (AAK) wurden zusätzlich an die Sitzung der WBK-N zur mündlichen Stellungnahme eingeladen.

Die Kommission hat nach Anhörung von KSA und AAK mit einer Kommissionsmotion (09.3974) zugunsten der Variante III des Berichts (Aktualisierung und Optimierung des AAG im Rahmen der bisherigen CHF 20 Mio.) reagiert, was das bestmöglichste Ergebnis bedeutete. Damit wird der Bundesrat beauftragt, eine Gesetzesrevision im Sinne der Variante III vorzubereiten. Am 7. Dezember 2009 folgte der Nationalrat ohne Gegenstimme der Empfehlung der WBK-N. Das Geschäft wurde am 2. Februar 2010 von der Kommission des Ständerates (WBK-S) und am 9. März 2010 vom Ständerat behandelt. Beide Gremien bestätigten einstimmig den Beschluss des Nationalrats. Dies bedeutete, dass der Bundesrat im Jahr 2010 mit der Ausarbeitung einer Botschaft zum revidierten Gesetz im Sinne der Variante III beginnen wird.

Pius Segmüller war der
32. Kommandant
der Schweizergarde

Im Jahresbericht 2009 sind zwei interessante Interviews wiedergegeben: Einmal mit Rudolf Wyder mit dem Titel «Schweizer Schulen im Ausland sind Schaufenster für den Schweizer Bildungsexport».

Eine der Fragen lautete: «Was können Sie zur Situation der Auslandsschulen Deutschlands und Frankreichs sagen?»
«Beide Länder betreiben ein grosses Schulnetz rund um den Globus – im Wesentlichen mit denselben Zielsetzungen wie wir, allerdings ist das Netz viel dichter. Für die beiden Länder sind die Schulen auch ganz klar ein Instrument der Aussenpolitik. Entsprechend werden sie massiv vom Staat finanziell unterstützt. Ein besonders engmaschiges Netz von Auslandsschulen unterhält Frankreich. Hier spielt auch die Zielsetzung mit, die Verbreitung der französischen Sprache zu fördern».

7. Interview mit Thomas Schmidheiny

Thomas Schmidheiny
Dr. h.c. Thomas Schmidheiny studierte an der ETH Zürich Maschinenbau und ergänzte seine Studien mit dem MBA am IMD (1972). 1999 wurde ihm von der Tufts University, Massachusetts, USA, der Dr. h.c. für seine Verdienste im Bereich nachhaltige Entwicklung verliehen. Er startete seine Karriere 1970 bei Cementos Apasco als Technischer Direktor und wurde 1976 in die Konzernleitung von Holcim berufen, wo er von 1978 bis 2001 den Vorsitz innehatte. Er wurde 1978 in den Verwaltungsrat der Holcim Ltd gewählt, und von 1984 bis 2003 war er Präsident des Verwaltungsrates. Heute ist Thomas Schmidheiny Mitglied des Verwaltungsrates und Mitglied des Governance, Nomination & Compensation Committee. Ausserdem ist er Präsident des Stiftungsrates der Ernst Schmidheiny Stiftung.

„Unsere duale Berufsausbildung könnte ein Schweizer Exportgut werden – mit guten Erfolgsaussichten."

Als Präsident der Ernst Schmidheiny Stiftung gibt Thomas Schmidheiny Einblick in die Wirtschaftswochen – das Flaggschiff der Stiftung. Im Gespräch erläutert er, was den Erfolg ausmacht, wo diese einzigartige Seminarform überall läuft auf der Welt und wo er hinsichtlich Ausbildung im Ausland noch aussichtsreiche Herausforderungen ausmacht.

Herr Schmidheiny, die jährlich durchgeführten Wirtschaftswochen an den Schweizer Gymnasien sind eine Erfolgsgeschichte, warum?
Es gibt mehrere Erfolgsfaktoren. Schulen und Wirtschaft moderieren diese Projektwochen gemeinsam. Dies allein schon ist eine solide Basis. Die Stiftung bildet dazu Führungskräfte aus allen Bereichen unserer Wirtschaft zu Fachlehrern aus. Dieser Praxis-Input, gepaart mit Schulwissen, vermittelt ein lebendiges Erkennen von wirtschaftlichen Zusammenhängen. Begleitet von einem computergestützten Unternehmungsspiel erleben die Schülerinnen und Schüler hautnah, praxisbezogen und dynamisch die Wechselwirkungen zwischen Unternehmensführung, Markt und Gesellschaft. Das Ganze ist eine Summe aus Praxis und Theorie plus Entscheiden und Handeln in Teams unter Learning-by-doing-Bedingungen; für mich eine starke Erfolgsformel.

«Seit Einführung der Wirtschaftswochen haben rund 90'000 Maturandinnen und Maturanden an den Schweizer Gymnasien die Wirtschaftswochen durchlaufen, das sind 1,5 Prozent der Schweizer Bevölkerung»

Und wie sieht die Erfolgsbilanz aus, können Sie das beziffern?
Insgesamt haben seit Einführung der Wirtschaftswochen rund 90'000 Maturandinnen und Maturanden in der Schweiz die Wirtschaftswochen durchlaufen. Das sind, anders ausgedrückt, bis heute rund 1,5 Prozent der Schweizer Bevölkerung. Im Jahr 2009 wurden

über 160 solcher Projektwochen schweizweit durchgeführt. Dazu kommen noch die elf Wirtschaftsseminare, welche rund um den Globus in neun Schweizer Schulen im Ausland stattgefunden haben. Sie alle werden unter der Leitung unserer eigenen Fachlehrer ausgeführt. Hinzu kommen noch jene Wirtschaftswochen und Seminare, die im Ausland laufen und von den jeweiligen Ländern selbstständig abgewickelt werden. Diese Zahlen steigen stetig, Jahr für Jahr.

«Im Ausland werden über 300 Wirtschaftsseminare pro Jahr durchgeführt»

Die Wirtschaftswochen sind also auch ein Exportprodukt!
In der Tat! Im Ausland werden über 300 Wirtschaftsseminare pro Jahr durchgeführt. Die überwiegende Zahl davon allein in Deutschland. Ausserdem haben wir dieses Produkt im Jahr 2002 auf Universitätsstufe in den Philippinen eingeführt. Dort laufen jährlich im Durchschnitt rund 16 Wirtschaftswochen. In Asien besuchen insgesamt weit über 3000 Studenten unsere Seminare. Um die Ausbildungsqualität zu gewährleisten, wurden lokal über 100 Fachlehrer nach dem gleichen System ausgebildet, wie es sich in der Schweiz bewährt hat.

«Unser Anliegen ist, dass Schweizer Schulen im Ausland das gleiche Bildungsangebot haben, wie in der Schweiz; die Wirtschaftswochen gehören selbstverständlich dazu»

Warum und wie unterstützt die Stiftung den Export via die Schweizer Schulen im Ausland?
Es ist uns ein Anliegen, dass Schweizer Schulen im Ausland das gleiche Bildungsangebot haben, wie in der Schweiz; die Wirtschaftswochen gehören selbstverständlich dazu. Das bedeutet, dass für alle Standorte auf der Welt Fachlehrer für die Wirtschaftswochen entsandt werden müssen. Die Ernst Schmidheiny Stiftung übernimmt die Flugkosten. Unterkunft und Verpflegung übernehmen in der Regel die Schulen.

Wie kommen die Wirtschaftswochen im Ausland an, was sind Ihre persönlichen Erfahrungen?
Die Ernst Schmidheiny Stiftung ist überall willkommen. Ich habe immer offene Türen für unser Produkt erlebt. Für die Fachlehrer ist es eine Anerkennung und bereichernde Lebenserfahrung, wenn sie eine Woche lang im Ausland Schule geben, beispielsweise in Chile, Brasilien oder Bangkok. Ich habe schon vor sehr vielen Jahren erlebt, wie die Schüler in Mexiko lernten vernetzt zu denken. Unsere dorthin delegierten Fachlehrer setzen Powerpoint-Präsentationen mittels Beamer, kreiert von Schülern, mit Darstellungen von Zusammenhängen, wie sie an hiesigen Schulen erst Jahre später anzutreffen waren. In Mexiko sind die Wirtschaftswochen an der Schweizer Schule seit langem etabliert. Dieses Jahr wird erstmals auch die Schule in Cuernavaca dazu kommen und eine dritte – neu gegründete Schule – hat bereits ihre Absicht bekundet, die Wirtschaftswochen zu übernehmen. Es geht also weiter.

Wie erleben Sie den Nutzen, den die Schweizer Schulen im Ausland bewirken?
Für multinationale Firmen ist es immer eine grosse Stärke, wenn am jeweiligen Standort eine Schweizer Schule existiert. Ich kenne Holcim Mitarbeiter deren Kinder, trotz häufiger Ortswechsel keinen Tag Schule versäumten. Ein Blick auf die Landkarte lässt erkennen, dass wir mit Schweizer Schulen in Lateinamerika recht gut aufgestellt sind. In Asien hingegen stellt sich die Frage, ob dort nicht Schulen fehlen. Mit Blick auf die vorrangigen Standorte von Schweizer Konzernen in dieser Region, kann ich mir einen Bedarf für weitere zwei bis drei Schulen gut vorstellen.

«Die duale Berufsausbildung in Betrieben und Berufsschulen könnte für die Schweiz ein Export-Hit par excellence werden»

Gibt es noch weitere Formen Schweizer Ausbildung im Ausland, die heute fehlen, aber ein Bedarf von morgen sein könnten?
Ich bin überzeugt, dass unsere duale Berufsausbildung, also die kombinierte Ausbildung in Betrieben und Berufsschulen, in vielen Ländern eine grosse Lücke schliessen kann. Die duale Ausbildung könnte für die Schweiz ein Export-Hit par excellence werden.

Können Sie konkrete Argumente dafür nennen?
Wenn ich vom Holcim Standpunkt aus spreche, dann sind die Stellenbesetzungen mit Ingenieuren, Ökonomen und Juristen in unseren Konzerngesellschaften nicht das grosse Problem. Diese Leute sind oft flexibel, das heisst, nicht ortsgebunden. Solche Stellen können notgedrungen auch mit Expatriates besetzt werden. Probleme machen uns und anderen im Ausland tätigen Firmen die fehlenden qualifizierten Berufsleute, wie etwa Mechaniker und Elektriker. Jemand, der schon nur eine anständige Schweissnaht setzen kann, ist nicht leicht zu finden. Dazu kommt, dass solche Stellen lokal besetzt werden. Berufsausbildungsgänge, wie wir sie kennen, existieren aber in den meisten Ländern ausserhalb Europas kaum. Vor einem Jahr besuchte ich Lehrwerkstätten in Indonesien. Dort erlernen Menschen an Drehbänken, Schraubstöcken und Fräsmaschinen Berufe, die sie durchs Leben tragen werden, ohne Frage. Denn diese Leute sind lokal wirklich gesucht und der Return der Investitionen stellt sich auf allen Seiten rasch ein. Ähnliche Ausbildungsmodelle habe ich auch schon in Vietnam und anderen Orten der Welt gesehen. Nach meiner Beurteilung sind das Einzelfälle, aber der Bedarf ist weitaus grösser. Hier könnte die Schweiz einen gewaltigen Beitrag leisten: die Schweizer duale Berufsausbildung als Exportgut!

Herr Schmidheiny, vielen Dank für das Gespräch.

20 · 21

Ein weiteres Interview fand mit Thomas Schmidheiny als Präsident der Ernst Schmidheiny Stiftung statt. Er war von 1978 bis 2001 Vorsitzender der Konzernleitung von Holcim und von 1984 bis 2003 Präsident des Verwaltungsrates. Im Interview gab er Einblick in die Wirtschaftswochen – das Flaggschiff der Stiftung.

Thomas Schmidheiny
ehemaliger Präsident der Ernst Schmidheiny Stiftung

Eine Frage lautete: «Die jährlich durchgeführten Wirtschaftswochen an den Schweizer Gymnasien sind eine Erfolgsgeschichte, warum?» **«Es gibt mehrere Erfolgsfaktoren. Schulen und Wirtschaft moderieren diese Projektwoche gemeinsam. Dies allein ist schon eine solide Basis. Die Stiftung bildet dazu Führungskräfte aus allen Bereichen unserer Wirtschaft zu Fachlehrern aus. Dieser Praxis-Input, gepaart mit Schulwissen, vermittelt ein lebendiges Erkennen von wirtschaftlichen Zusammenhängen. Begleitet von einem computergestützten Unternehmungsspiel erleben die Schülerinnen und Schüler hautnah, praxisbezogen und dynamisch die Wechselwirkungen zwischen Unternehmungsführung, Markt und Gesellschaft. Das Ganze ist eine Summe aus Praxis und Theorie plus Entscheiden und Handeln in Teams unter «Learning-by-doing»-Bedingungen; für mich eine starke Erfolgsformel.»**

Eine weitere Frage lautete: «Wie kommen die Wirtschaftswochen im Ausland an, was sind Ihre persönlichen Erfahrungen?

«Die Ernst Schmidheiny Stiftung ist überall willkommen. Ich habe immer offene Türen für unser Produkt erlebt. Für die Fachlehrer ist es eine Anerkennung und bereichernde Lebenserfahrung, wenn sie eine Woche lang im Ausland Schule geben, beispielsweise in Chile, Brasilien und Bangkok. Ich habe schon vor sehr vielen Jahren erlebt, wie die Schüler in Mexiko lernten vernetzt zu denken. Unsere dorthin delegierten Fachlehrer sahen Powerpoint-Präsentationen mittels Beamer, kreiert von Schülern, mit Darstellungen von Zusammenhängen, wie sie an hiesigen Schulen erst Jahre später anzutreffen waren. In Mexiko sind die Wirtschaftswochen an den Schweizer Schulen seit langem etabliert. Dieses Jahr wird erstmals auch die Schule Cuernavaca dazu kommen und eine dritte – neu gegründete Schule – hat bereits die Absicht bekundet, die Wirtschaftswochen zu übernehmen. Es geht also weiter.»

«Wie erleben Sie den Nutzen, den Schweizer Schulen im Ausland bewirken?»

«Für multinationale Firmen ist es immer eine grosse Stärke, wenn am jeweiligen Standort eine Schweizer Schule existiert. Ich kenne Holcim Mitarbeiter deren Kinder, trotz häufiger Ortswechsel keinen Tag Schule versäumten. Ein Blick auf die Landkarte lässt erkennen, dass wir mit Schweizer Schulen in Lateinamerika recht gut aufgestellt sind. In Asien hingegen stellt sich die Frage, ob dort nicht Schulen fehlen. Mit Blick auf die vorrangigen Standorte von Schweizer Konzernen in dieser Region, kann ich mir einen Bedarf für weitere zwei bis drei Schulen gut vorstellen.»

Willi Walser
Mathematiker

Trotz anfänglichem hartnäckigem Widerstand vieler Lehrpersonen und Politiker in der Schweiz wurden die Wirtschaftswochen seit 1974 zum Erfolg. Zusammen mit meinem Holcim Konzern-Ausbildungsleiter Willi Walser (promovierter Mathematiker) und Rolf Dubs von der Universität St. Gallen entwickelten sie das Konzept der einwöchigen ‹Wirtschafts-Wochen› und zwar auf der folgenden Idee: Als Fachlehrer werden aktive Manager aus der Wirtschaft durch Professor Dubs ausgebildet, um nachher die angehenden jungen Lehrer in Dreier-Teams in die wichtigsten Themen des wirtschaftlichen Geschehens einzuführen. Als Grundstein für das gesamte Wirtschaftsprogramm wurde ein möglichst unkompliziertes aber aussagefähiges Computer basiertes Unternehmens Planspiel eingesetzt.

Rolf Dubs
Universität St. Gallen

Rolf Dubs war Wirtschaftspädagoge im Rang eines Professors an der Universität St. Gallen. Er war Rektor der Universität St. Gallen, Miliz-Brigadier der Schweizer Armee und trug Verantwortung in der freien Wirtschaft durch zahlreiche Verwaltungsratsmandate.

Erstaunlich ist, dass bis heute (2009) über 100 000 Gymnasiasten und Gymnasiastinnen in der Schweiz, im Fürstentum Liechtenstein und an den Schweizer Schulen im Ausland die Wirtschaftswochen besucht haben.

Meine beiden Söhne nahmen vor mehr als 30 Jahren an der alten Kantonsschule Aarau an diesen Wirtschaftswochen der Ernst Schmidheiny Stiftung ebenfalls teil und waren davon hell begeistert.

Auf Anfrage von Peter Hutzli, Sekretär des damaligen Spitzenverbands der Schweizerischen Wirtschaft (heute economiesuisse) an mich für eine *Wirtschaftsausbildung von jungen Schweizer Diplomaten in Ausbildung* schlug ich die Wirtschaftswochen in modifizierter Form (Bedeutung der Dritten Welt für unsere Wirtschaft, Marktreform und Demokratie usw.) vor, was vom EDA angenommen wurde. Auf diese Weise bildete Holcim die jungen Diplomaten in Wirtschaftsfragen während fast 20 Jahren erfolgreich aus. Viele Jahre später traf ich auf der ganzen Welt von Zeit zu Zeit Botschafter an, die sich immer noch positiv über diese Ausbildung äusserten.

Im Vorwort des Jahresberichts 2008 schrieb der KSA-Präsident u. a.: «Die exportorientierte schweizerische Wirtschaft braucht gut ausgebildete, junge Menschen, die mit der schweizerischen Kultur und mit mindestens einer unserer Landsprachen vertraut sind. Ein weit verzweigtes Netz von Auslandsschulen ist deshalb hervorragend geeignet, den global tätigen schweizerischen Unternehmen die international mobilen und zugleich mit der Schweiz vertrauten Mitarbeiter zu liefern. Die Schweizer Schulen sind daher ein wichtiger Standortfaktor für das wirtschaftliche Engagement schweizerischer Firmen im Ausland.

Ein Blick auf die gegenwärtigen Standorte der Schweizer Schulen und der Kooperationen mit Auslandsschulen von Drittstaaten zeigt, dass in einigen der wichtigsten aufstrebenden Länder wie China, Indien und Russland noch keine Schweizer Schulen bestehen, nur in Hongkong gibt es eine Kooperation. Eine Umfrage bei den schweizerischen Botschaften in diesen Ländern hat ergeben, dass dort zu wenig Schweizerkinder leben. Deshalb drängen sich vermehrt Kooperationen mit Drittstaaten auf, die nach und nach auf- und ausgebaut werden müssen. Erste diesbezügliche Gespräche wurden mit den Verantwortlichen der deutschen Auslandsschulen bereits aufgenommen und werden im nächsten Jahr konkret weiterverfolgt».

Wirtschaftswochen am **Colegio Helvetia in Bogotá**, Kolumbien

Erster Versuch einer Neugründung einer dritten Schweizerschule in Asien

Dinh Toan Trung
doktorierte an der Uni
St. Gallen

Im Jahr 2000 unternahm ich mit einem Schweizer, Dinh Toan Trung (doktorierte an der Uni St. Gallen), eine umfassende Zement Machbarkeits-Studie für Holcim im Iran. Als Kind flüchtete er mit seinem Bruder aus Vietnam in die Schweiz. Nach dem Studium begann er in meiner Abteilung. Trung arbeitete anschliessend für Holcim in Vietnam. Danach machte er sich dort selbstständig und war bereit, mir bei der Suche einer geeigneten Schweizer Schule zu helfen. Seine Kinder gingen in eine Privatschule, die von einem deutschen Präsidenten und einer vietnamesischen Schulleiterin mit Erfahrung in internationalen Schulen geführt wurde. Deshalb schien uns dieser Ort der geeignetste für eine Schweizerschule. Neben vietnamesischen Schülern hatte es insgesamt etwa 14 Schweizer Kinder, wobei einige Eltern Mühe hatten, das Schulgeld zu bezahlen. Wir machten mit dieser Schule einen Vertrag in der Hoffnung schlussendlich eine Schweizerschule in Saigon zu gründen. Diese Zusammenarbeit funktionierte anfänglich gut. Das BAK bezahlte einen jährlichen Beitrag (mit Auflagen) an diese Schule. Leider wurde diese Institution zwei Jahre später von einer amerikanischen Investorengruppe gekauft, die als erste Massnahme die Schulpreise verdoppelte. Damit stand der kommerzielle Zweck im Vordergrund so dass dieser Versuch mit einer Schweizerschule in Vietnam Fuss zu fassen, leider scheiterte. Bei meinem ersten Besuch in Vietnam für ein solches Schulprojekt war auch Daniel Halter, der hervorragende Schuldirektor von Bangkok dabei und zwar als Fachmann für schulische Angelegenheiten. Wir besuchten die deutsche und auch die australische Auslandsschule. Da die letztere nicht voll ausgelastet war, wäre diese Schule bereit gewesen, eine schweizerische Abteilung auf ihrem Gelände mitzugründen. Da wir mehr Hoffnung auf eine echte Schweizerschule bei der ersten beschriebenen Schule hatten, verfolgten wir die Zusammenarbeit mit den Australiern nicht mehr weiter.

Im Juni 2011 besuchte ich die German International School GIS in Ho Chi Minh City (früher Saigon genannt). Der deutsche Staat hat sich aus diesem Engagement weitgehend zurückgezogen und sein Augenmerk auf eine neue Schulinitiative in Saigon gerichtet. Wir besuchten diese Schule und sahen darin eine einzigartige Chance, um im aufstrebenden Vietnam eine Schweizer Bildungspräsenz zu etablieren. Der Präsident der GIS wäre an einer Schweizer Leiterin für die Grundschule interessiert gewesen. Die Bedingungen einer

Anbindung an die Schweiz gemäss Art. 10 des AAG wären erfüllt gewesen. Wir konzentrierten uns jedoch auf die soeben erwähnte andere Schule in Saigon, da wir die Chancen für eine echte Schweizer Auslandsschule grösser einstuften.

Merkmale und finanzielle Probleme einer Schweizerschule. Reisen mit Bundesräten und Regierungsbeamten

Das Betreiben einer privaten Schule, die bestimmte Auflagen des Bundes erfüllen muss, kostet zusätzlich Geld. Wie bereits ausgeführt wurde gilt dies besonders auch für den Betrieb der Schweizer Schule durch ihre eigenverantwortlichen und unabhängig handelnden Trägervereine. Drei Viertel ihrer Gesamtkosten erwirtschaften die Schulen selbst, und zwar über Schulgelder und Spenden. In den letzten Jahren konnten die Schulen dank ihrer strengen Spar- und Rationalisierungsmassnahmen die Bundesquote (Prozent der Bundesbeiträge im Verhältnis zu den Ausgaben) seit 1990 von durchschnittlich 50% auf rund 25% reduzieren. Damit ist allerdings das Rationalisierungspotenzial heute weitgehend ausgeschöpft. Der Bund deckt damit mit seinem Bundesbeitrag lediglich den oben genannten Mehraufwand, der den Schulen aus der Einhaltung der gesetzlichen Auflagen erwächst. Dieser Beitrag garantiert den unverwechselbar schweizerischen Charakter der Schule mit schweizerischer Direktion und mehrheitlich schweizerischen Hauptlehrpersonen sowie schweizerisch geprägtem Unterricht. Ohne eine nachhaltige finanzielle Unterstützung durch den Bund müssten sich unsere Bildungsinstitutionen im Ausland wie viele andere internationale, gewinnorientierte Schulen entwickeln und sich an eine finanziell privilegierte Elite richten. Zudem würde ohne Deutsch unterrichtet und ohne Bezug zur Schweiz, dafür vor allem Englisch und die Sprache des Gastlandes unterrichtet.

In den letzten Jahren wurde die Höhe der finanziellen Unterstützung des Bundes regelmässig in Frage gestellt. Kaum war ein Bundesbudget unter Dach, begann schon der aufwändige Kampf um die Kontinuität der Unterstützung in den Folgejahren. Das eidgenössische Parlament erhöhte im Dezember 2007 den vom Bundesrat vorgesehen Budgetkredit für die «Förderung junger Auslandschweizer» erfreulicherweise von CHF 15,4 Mio. auf 20 Mio., was die Schulen mit grosser Erleichterung zur Kenntnis nahmen. Schon im Februar 2008 wurden wir dahin orientiert, dass die Eidgenössische Finanzverwaltung (EFV) an den erheblich tieferen früheren Finanzplan-zahlen für 2000-2011 festhalten wolle, d.h. CHF 4,3 Mio. weniger als vom Parlament für 2008 beschlossen. Daraufhin mussten wir den Sturm auf die Festung EFV vorbereiten und durchführen: Der Auslandschweizerrat verabschiedete im April 2008 eine Resolution, die gegen die erneuten Budgetkürzungen protestierte und für die Schulen existenzsichernde Beiträge verlangte. In der Folge fanden Gespräche mit Bundespräsident Pascal Couchepin und Bundesrat Hans-Rudolf Merz statt.

Am 19.5.2008 konnte eine Delegation bestehend aus den Herren Markus Hutter, Nationalrat FDP, Jacques-Simon Eggly, Präsident der ASO und Derrick Widmer ein Gespräch mit Bundesrat Pascal Cou-chepin und Vertretern*innen des EDI führen.

Pascal Couchepin war Bundesrat von 1998 bis 2009. Er war Mitglied der Freisinnigen Partei und war Bundespräsident 2003 und 2008. Er führte das Eidgenössische Departement für Wirtschaft, Bildung und Forschung (1998-2002) und von 2003 bis 2009 das Departement des Innern.

Hans-Rudolf Merz
Bundesrat (2003–2010)

Andrea Caroni
persönlicher Assistent
von Bundesrat Merz
und später Ständerat
des Kanton St. Gallen

Die gleiche Delegation führte auch ein Gespräch mit Bundesrat **Hans-Rudolf Merz**. Diese fand am 5.6.2008 im Bundeshaus statt. Dabei waren der Vizedirektor der Eidgenössischen Finanzverwal-tung, der Referent für Finanzfragen des EFD und Andrea Caroni, persönlicher Assistent von Bundesrat Hans-Rudolf Merz (später Ständerat des Kantons St. Gallen). Unter der Bedingung, dass ein befriedigender Bericht über die Bedeutung, die Zukunftsperspekti-ven und den vorgesehenen Mittelbedarf der Schweizer Schulen vom KSA verfasst werde, sicherte Bundesrat Hans-Rudolf Merz CHF 20 Mio. für das Budget 2009 und den gleichen Betrag für die Finanzpla-nung bis 2012 zu. Allerdings wurde die Zusicherung vom Ausgang der Aufgabenüberprüfung beim Budgetkredit «Förderung der Aus-bildung junger Auslandschweizer» abhängig gemacht, der im Rah-men des Entlastungsprogramms mit anderen Aufgaben des Bundes überprüft werden wird. Weiter Anstrengungen des KSA und der ASO zur Erhaltung genügender Bundesmittel, um den gesetzlichen Auf-trag der Schulen zu gewährleisten, waren somit vorprogrammiert.

Anschliessend wollte Bundesrat Hans-Rudolf Merz noch mit mir al-lein sprechen. Mein Vorteil war, dass ich Hans-Rudolf schon seit vielen Jahren kannte und mit ihm per ‹Du› war. In den ersten Jahren meiner

Holcim Tätigkeit unter dem Präsidenten Thomas Schmidheiny arbeitete Hans-Rudolf Merz in einer ganz ähnlichen Position bei Stephan Schmidheiny (Eternit, BBC usw.), dem Bruder von Thomas. Hans-Rudolf Merz mit Wohnsitz in Herisau besuchte mich eines Tages in den späten 1970er Jahren zu einem Erfahrungsaustausch beim Zementkonzern Holcim in Zürich. Wir waren beide für die Suche von Kaderkräften und jungen Talenten und weiteren Human Resources Aufgaben zuständig. Von 1997 bis 2003 war Merz Ständerat des Kantons Appenzell Ausserrhoden. Während dieser Zeit orientierte er mich gelegentlich über die Diskussionen im Ständerat bezüglich der Bundesbeiträge für die Schweizer Schulen im Ausland.

Im erwähnten Gespräch als Bundesrat im Bundeshaus erklärte er mir, dass der Bund Geld sparen müsse und es ihm bereits gelungen sei, mehrere CHF Milliarden einzusparen. Er versuche deshalb soweit wie möglich Bundesbeiträge zu verkleinern oder abzuschaffen. Er sei jetzt aber zum Schluss gekommen, dass er die CHF 20 Mio. genehmigen werde, wofür ich ihm vielmals dankte. Allerdings verlangte er von mir, dass ich für neue Auslandsschulen nicht noch zusätzlich Geld verlangen dürfe. Am Schluss des Gespräches begleitete er mich noch zur Ausgangstüre des Bundeshauses «Bernerhof» an der Bundesgasse 3. Ein riesiger Lärm von Fussballfans empfing uns anlässlich Fussball Europameisterschaften 2008 (in der Schweiz und Österreich). Sehr viele Fans trugen orangefarbige T-Shirts (Niederländer des Oranje Teams). Bundesrat Hans-Rudolf Merz bemerkte nur, dass er ein solche Begeisterung und Aufregung wegen eines Fussballspiels nicht begreife. Ich konnte ihm nur zustimmen.

Hans-Rudolf Merz war von 1977 bis 2003 als selbstständiger Unternehmensberater tätig, wobei er hauptsächlich für den Industriellen Stephan Schmidheiny (u. a. Asbestfirma Everit) arbeitete. Als Berater befasste er sich schwergewichtig mit der Rekrutierung und Entwicklung der obersten Kader sowie mit Unternehmensentwicklung. Er wurde FDP Ständerat des Kantons Appenzell Ausserrhoden von 1997 bis 2003. Anschliessend bis 2009 Bundesrat und Vorsteher des Eidgenössischen Finanzdepartementes (EFD). 2008 wurde er zum Bundespräsidenten für das Jahr 2009 gewählt.

Mit Hans-Rudolf Merz war ich persönlich ebenfalls der Überzeugung, dass die Subventionen des Bundes zurückhaltender verteilt werden sollten. Gemäss der NZZ (17. März 2022) haben sich die Subventionen seit 1970 versechsfacht! Subventionen sind meistens intransparent, weil sie zum Beispiel als Steuervergünstigungen getarnt sind oder als Kreditgarantien, die gar nicht in einem Budget auftauchen. Jedenfalls lassen sich Subventionen nur selten vernünftig begründen. Die Aufstellung des Bundes über die direkten Zahlungen zeigt, dass die so definierten Subventionen in den letzten 50 Jahren von 3 auf CHF 57 Milliarden angestiegen sind. Ein bedeutender Posten sind traditionell die Direktzahlungen an die Landwirtschaft, die sich auf knapp 3 Milliarden Franken belaufen – rund die Hälfte der bäuerlichen Einkommen geht auf staatliche Massnahmen zurück. Angesichts der CHF 20 Mio., die der Bund schlussendlich an die Auslandsschulen bezahlte, fällt es schwer zu verstehen, weshalb es so viele Jahre gedauert hat, bis ein entsprechender Entscheid von den Bundesbehörden und vom Parlament gefällt wurde. Der gesamte jahrelange grosser Aufwand für das Lobbying beim Bundesrat, Parlamentariern und Parlamentarierinnen sowie bei Bundesbehörden für eine verhältnismässig kleine und vollständig transparente und von verschiedenen Stellen überwachten Subventionsrahmen für die Auslandsschulen ist im Hinblick auf die enorm hohen und nicht in jedem Fall transparenten Bundessubventionen (Steuergelder) rückblickend schwer verständlich.

Mit Bundesrat Pascal Couchepin war ich fünf oder sechs Mal mit einer sogenannten ‹Gemischten Kommission› (Vertreter des Bundes und der Wirtschaft) als Delegierter von Holcim unterwegs. So zum Bei-

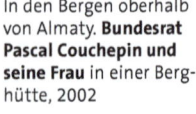

In den Bergen oberhalb von Almaty. **Bundesrat Pascal Couchepin und seine Frau** in einer Berghütte, 2002

spiel einmal nach Chile (Besuch der Schweizer Schule in Santiago de Chile) und weiter nach Argentinien. Ein anderes Mal nach Brasilien. Besuche der Schweizerschule in São Paulo (Colegio Suico-Brasileiro) und in Curitiba (Colegio Suizo) standen ebenfalls auf dem Programm. Da die Verkehrslage für Autos in São Paulo katastrophal ist und die Zeit zur Absolvierung des umfassenden Programms drängte, wurde unsere Wagenkolonne dank unserem Delegationsleiter Bundesrat Pascal Couchepin mit VIP-Service bedacht. Rot gekleidete Polizisten auf roten Motorrädern begleiteten uns und sperrten alle vor uns liegenden Kreuzungen ab. In kürzester Zeit waren wir vor Ort und wurden von schön gekleideten singenden Schülern und Schülerinnen und natürlich von der Direktion sowie dem Lehrkörper begrüsst. Bundesrat Couchepin hat mich jedes Mal mit seiner hohen Intelligenz und seinem stets staatsmännischen Auftreten beeindruckt.

Alle diese Reisen haben den Bundesvertretern, aber auch den Regierungsvertretern die Bedeutung der Schweizer Schulen nähergebracht. Sie waren auch für die langfristigen Lobby-Aktivitäten für die Schulen von Nutzen. 1999 nahm ich als Honorarkonsul von Kasachstan an der ersten Tagung der Gemischten Kommission Schweiz-Kasachstan teil. Die schweizerische Delegation, der auch Vertreter der Privatwirtschaft angehören, wurde von Jörg Al Reding, Chef Länderpolitik, Mitglied der Geschäftsleitung des Staatssekretariats für Wirtschaft (SECO) geleitet.

Nach meiner Pensionierung bei Holcim im Jahr 2000 nahm ich im Jahr 2002 als Honorarkonsul von Kasachstan an einer weiteren Gemischten Kommission nach Kasachstan teil. Dieses zentralasiatische Land ist so gross wie Westeuropa und hat nur 16 Mio. Einwohner. Die Grenze zu Russland ist 7'000 km und zu China 1 500 km lang. Die erste Station unserer Reise war Almaty (ca. 90 km von China entfernt). Das dortige Bergpanorama mit höheren Bergen als in der Schweiz ist sehr beeindruckend. Deshalb schlug ich unseren Gastgebern eine Helikoptertour über diesen Bergen vor, was offiziell schlussendlich bewilligt wurde. Die Delegation flog schliesslich in zwei Helikoptern über die schneebedeckten hohen Berge. Was für ein Erlebnis! Nach einiger Zeit wurde die Bergkette in Richtung China etwas weniger beeindruckend, dafür konnten die Helikopter auf zwei hohen Berghügeln in einer Distanz von einigen hundert

Kasachstan: Panne des Helikopters mit **Pascal Couchepin**

Meter Distanz landen. Pascal Couchepin sass mit seiner Frau im Helikopter des Staatspräsidenten Nursultan Nazarbayev. Plötzlich stellte sich heraus, dass dieser Helikopter nicht mehr weiterfliegen konnte. Offiziell wegen eines Flugverbotes, in Wirklichkeit wegen einer technischen Störung. Pascal Couchepin marschierte dann mit seiner Frau und weiteren Delegationsmitgliedern von seinem höher gelegenen Helikopter eine gute halbe Stunde durch das unwegsame Gelände zum weiter unten gelandeten Helikopter. Plötzlich funktionierte der Präsidenten-Helikopter wieder und so kamen wir alle mit Verspätung im Tal an einer Kamelfarm an, wo wir grossartig empfangen wurden und Kamelmilch trinken und Kamel-Joghurt kosten durften. Alle solche Missionen helfen natürlich engere Beziehungen mit Regierungs- und Behördenvertretern herzustellen.

Nach dem Helikopterflug besuchte Bundesrat **Pascal Couchepin** eine Kamelfarm

23

Voraussichtliche Neuerungen Bundesgesetzes 1987 über die Ausbildung junger Auslandschweizerinnen und Auslandschweizer (AAG) – ein langer und mühsamer Weg

Die KSA-Geschäftsführerin Irène Spicher schrieb im Jahresbericht 2010: «Das geltende Fördermodell soll im bisherigen Subventionsrahmen von CHF 20 Mio. aktualisiert und optimiert werden und zwar im Sinne von Variante III des Berichts des Bundesrats vom 19. August 2009. Der Zweck, den die Schulen erfüllen müssen, wird um eine wichtige Komponente erweitert. Die hohe Qualität der Ausbildung bleibt das Kerngeschäft. Das Curriculum lehnt sich weiterhin eng an die Lehrpläne des jeweiligen Patronatskantons der Schule an. Neu soll die Schule die Bedeutung der Schulen für nachhaltige Präsenz der Schweiz im Ausland im Gesetz verankert werden. Es wird nicht mehr als notwendig erachtet, dass eine Schule einen Mindestprozentsatz (20%) an Kindern mit schweizerischer Nationalität ausbildet. In den letzten Jahren ist das Bewusstsein dafür gewachsen, dass die Bildung der Kinder aus dem Gastland nach schweizerischen Standards für unser Land von grossem Interesse ist. Die Schülerinnen und Schüler mit anderer Nationalität lernen die Schweiz in der Regel ab dem Kindergarten von Grund auf kennen. Als Erwachsenen Menschen haben sie ein tiefes Verständnis für unsere Denkweise entwickelt. Sie sprechen unsere Sprache und sind zu idealen Diskussions- und Handelspartnern für die Schweiz geworden». Die Stossrichtung des neuen Gesetzes wurde vom Eidgenössischen Parlament mit der Bevorzugung der Variante III des Berichts des Bundesrates vom 19. August 2009 bereits vorgezeichnet. Es soll folgende wesentliche Neuerungen bringen:

Wegfall des Mindestprozentsatzes an Schweizer Schülerinnen und Schülern. Dies erschliesst den Schulen mehr betriebswirtschaftlicher Spielraum. Durch die Lockerung dieser gesetzlichen Auflagen können sie wachsen und sich besser am Markt positionieren, was sie weniger abhängig von der Bundesunterstützung werden lässt. Ihre ‹Swissness› wird durch Schweizer Lehrpersonen und den Schweizerischen bzw. kantonalen Lehrplan gewahrt.

Gleiche Gewichtung zwischen der «Präsenz schweizerischer Bildung und Kultur im Ausland» und der «Förderung der Ausbildung junger Auslandschweizerinnen und Auslandschweizer».

Mögliche Erweiterung der Schulangebote auf die duale Berufsausbildung.

Der Bundesrat hat mit Beschluss vom 17. September 2010 das Eidgenössische Departement des Innern (EDI) beauftragt, eine Arbeitsgruppe mit der Vorbereitung der Revision des Bundesgesetzes von 1987 des AAG zu betrauen. Die Arbeitsgruppe wurde so zusammengesetzt, dass in ihr die interessierten Bundesbehörden und die wichtigsten betroffenen Institutionen und Organisationen vertreten sind. Während die Vorstandsmitglieder Paul Fink (EDI) und Jean-Francois Lichtenstern (EDA) in der Arbeitsgruppe die Interessen ihrer jeweiligen Departemente einbrachten, vertrat die Geschäftsführerin Irène Spicher diejenigen des KSA. Ziel der Gesetzesrevision war die Aktualisierung und Optimierung des heutigen Fördermodells unter Beibehaltung des gegenwärtigen Budgetkredits von CHF 20 Mio.

Paul Fink
Vertreter BAK und
Mitglied Vorstand
des Dachverbandes
(1981 – 2013)

Wir waren uns jedoch im Klaren, dass im kommenden Jahr der Entwurf des neuen Gesetzes die Hürden der sogenannten Vernehmlassung mit den interessierten Kreisen und den betroffenen Kantonen und schliesslich dem Eidgenössischen Parlament nehmen muss, bevor es in Kraft gesetzt wird.

Die Leistung für die Auslandsschulen des langjährigen Vertreters des BAK und Mitglied des Vorstands des Dachverbandes, Paul Fink, kann gar nicht gross genug gewürdigt werden. Er war von Beginn an jeweils bestens auf die Vorstandssitzungen vorbereitet und seine Meinung hatte grosses Gewicht. Vor allem seine Arbeit für die wichtigste Anliegen der Auslandsschulen hat er dank seiner profunden Kenntnisse der Auslandschulprobleme und insbesondere der finanziellen Nöte der Auslandsschulen hinter der Kulisse für die Konzeption des neuen Gesetzes ganz Wertvolles für die Auslandsschulen und den Dachverband geleistet. Mit seiner unbestechlichen Vorgehensweise wurde er auch im BAK sehr geschätzt.

Eine wichtige Rolle für das Lobbying spielte auch der Auslandschweizer-Ausbildungskommission (AAK), die das Bundesamt für Kultur beim Gesetzesvollzug berät.

24

Interviews in Jahresberichten und Vorteile für die Schweiz von ehemaligen Schüler*innen der Gastländer in unseren Auslandsschulen

Der Jahresbericht 2010 enthielt ein Interview mit Uli Sigg (promovierter Jurist), Journalist und als Vizepräsident des Schindler Verwaltungsrat gründete er 1980 das erste Joint Venture zwischen China und der westlichen Welt. 1995 wurde er zum Botschafter der Schweiz für China, Nordkorea und die Mongolei ernannt. Er besitzt die grösste Sammlung der Welt zeitgenössischer chinesischer Kunst. In diesem Zusammenhang lernte ich Uli Sigg kennen. 2005 fand eine grosse Kunstausstellung seiner gesammelten Werke im Kunstmuseum in Bern statt. Da die grössten Bilder im Kunstmuseum Bern aus Platzmangel nicht ausgestellt werden konnten, schlug ich dafür die zwei grossen Lagerhallen (der ehemaligen Zementfabrik) der Holcim in Holderbank AG vor. 400 Gäste nahmen an der Vernissage teil. Der wohl berühmteste chinesische Künstler Ai Weiwei hielt als Ko-Kurator (mit Bernhard Fibicher) an dieser Ausstellung die Eröffnungsansprache. Diese Ausstellung mit chinesischen Künstlern in Holderbank fand zur gleichen Zeit mit derjenigen im Kunstmuseum in Bern statt und fand weltweit grosse Beachtung.

Im Interview erläuterte Uli Sigg seine Sicht der chinesischen Wirtschaftsentwicklung und wie sich die Schweiz in China heute profiliert. Einer Exportausweitung von Schweizer Bildung sah er sehr optimistisch entgegen. In Anbetracht der Bedeutung, die Chinesen der Aus- und Weiterbildung beimessen, nennt Uli Sigg die wichtigsten Erfolgsfaktoren, welche bei der Gründung einer Schweizerschule in China beachtet werden sollten. In China stecken die Eltern alles in die Erziehung ihrer Kinder. Ausbildung wird aber auch als Investition für die eigene Altersvorsorge gewertet. Ausbildung kommt vor Konsum.

Ebenfalls im Jahresbericht 2010 ist noch ein weiteres Interview enthalten und zwar mit Bundesrat Didier Burkhalter. Er gibt darin Auskunft über seine persönliche Begegnung mit Schweizer Schulkindern in São Paulo und wie er die Bedeutung der Auslandsschulen für Wirtschaft, Aussenpolitik sowie Kultur sieht. In den aufstrebenden Ländern Asiens würde er Gründungen von Schweizer Schulen begrüssen; ganz besonders in China. Und zu den Aspekten des neuen Bundesgesetzes für Auslandsschulen nimmt er ebenfalls Stellung.

2005: **Rolf Soiron** links neben **Ai Weiwei** der die Eröffnungsrede hielt. Rechts beim Lautsprecher **Derrick Widmer**, daneben **Uli Sigg** und **Alicia Soiron**

Unter anderem führte er aus:

«Der Bund gründet keine Schulen, denn dafür braucht es die private Initiative und eine lokale Trägerschaft. Der Bund kann aber Gründungen durch Beratung unterstützen und entsprechende Bemühungen möglicherweise – in einem gewissen Mass auch finanziell fördern. Die Arbeitsgruppe, die das neue Bundesgesetz vorbereitet, prüft zurzeit solche Möglichkeiten».

Die erwähnten Beispiele von Interviews in den Jahresberichten, aber auch in den News sind zweifellos für die positive Wahrnehmung der Auslandsschulen für die Leserschaft Image fördernd. Ein völlig anderer Aspekt ist insbesondere für Politiker von Bedeutung zur positiven Wahrnehmung der Auslandsschulen.

So erwähnte Rudolf Wyder noch einen anderen wichtigen Punkt, der für die Wertschätzung der Auslandsschulen spricht:

«Die Kinder der Gastländer, die unsere Schulen besuchen, sind in den allermeisten Fällen ihr Leben lang der Schweiz freundschaftlich zugewandt. In der Regel übernehmen sie später Führungsaufgaben in ihrem Land. Sie sprechen mindestens eine schweizerische Landes-

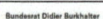

KSA Jahresbericht 2010

"Schweizer Schulen im Ausland tragen wesentlich dazu bei, dass unser Land positiv wahrgenommen wird."

Bundesrat Burkhalter mit Kindern der Schweizer Schule Sao Paulo.

18

sprache, kennen die schweizerische Kultur und sind so für uns leicht ansprechbar. Sind sie in der Politik, kann das für unser Land wertvoll sein. Und wenn diese Leute in der Privatwirtschaft arbeiten, dann sind sie potentielle Geschäftspartner. Es gibt immer wieder ausländische Minister, Diplomaten, Chefbeamte, Unternehmer und Manager, welche irgendwo auf der Welt eine Schweizer Schule besucht haben und im Rahmen ihres späteren Berufslebens mit der Schweiz in Kontakt kommen. Sie bringen viele Kenntnisse über unser Land mit und da Sympathie und Vertrauen. Dazu kommt, dass sie Deutsch oder Französisch sprechen – dies allein ist schon oft ein gewaltiger Vorteil für beide Seiten».

Ein Bespiel (News März 2013) **Andrés Pérez Gonzalez**, chilenischer Konsul in Bern besuchte früher die Schweizer Schule in Santiago de Chile. Er ist geboren und aufgewachsen in Santiago de Chile. Der Konsul erklärte:

Andrés Pérez González
mit Ehefrau

«In den ersten Schuljahren besuchte ich das Colegio Confederacion Suiza. Das ist eine chilenische Partnerschule des Colegio Suiza in Santiago. Dank guter Leistung konnte ich ab 1987 als Stipendiat an die Schweizer Schule wechseln. Das gab mir Gelegenheit mit schweizerischen Schülern und Schülerinnen in Kontakt zu kommen sowie die Art und Weise des Unterrichtens von schweizerischen Lehrkräften kennenzulernen. Ich begann mich auch vermehrt für die Schweiz zu interessieren und lernte vor allem, mich auf Deutsch zu verständigen, was mir später sehr zugute kam. Ein besonderes Privileg war, dass ich dank dem Colegio Suizo einen dreimonatigen Austausch in der Schweiz machen konnte. Es war für mich die erste Auslandreise – und das gleich nach Europa! Während dieser drei Monate konnte ich den Unterricht an der Kantonsschule Heerbrugg besuchen. Ich lebte in einer Schweizer Familie und durfte die Schweiz bereisen. Jetzt kannte ich die Schweiz aus eigener Erfahrung und nicht allein über Kontakte am Colegio Suizo in Santiago.

1992 schloss ich dann meine Grundausbildung an der Schweizer Schule in Santiago mit er chilenischen Matur ab.

Nach meinem Abschluss am Colegio Suizo schrieb ich mich als Student an der Pontificia Universidad Catolica de Chile ein, um Journalismus zu studieren.» Danach trat Andrés Pérez in den diplomatischen Dienst von Chile ein.

Der Dachverband wechselt seinen Namen von KSA zu educationsuisse. Der Auftritt der Schulen und des Dachverbands sowie des Jahresberichts 2011 wird modernisiert

Das Titelbild des Jahresberichts 2011 zeigt Schüler und Schülerinnen der Schweizer Schule Bangkok in T-Shirts mit aufgedrucktem neuem Logo und neuem Namen educationsuisse.

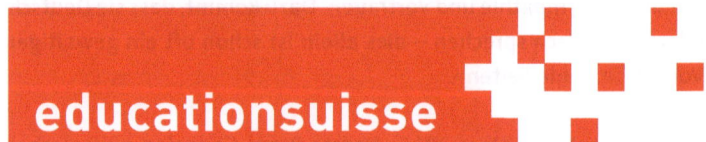

Die Bezeichnung educationsuisse verweist auf die sprachliche Vielfalt der Schweiz sowie auf die Kernaufgabe der Schweizer Schulen im Ausland: Vermittlung von Schweizer Bildung. Das neu entwickelte Logo enthält mehrere Symbole: Das Schweizer Kreuz steht für die Autorisierung durch die offizielle Schweiz; die roten Quadrate versinnbildlichen die Schulstandorte im Ausland und deren Bezug zur Schweiz.

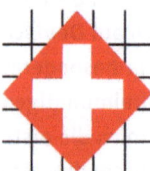

Komitee für Schweizer Schulen im Ausland
Comité pour Ecoles suisses à l'étranger
Comitato pro Scuole svizzere all'estero

Der bisherige Name «Komitee für Schweizer Schulen im Ausland» und das entsprechende Logo wirkten schwerfällig und nicht mehr zeitgemäss. Im Berichtsjahr wurde deshalb im Vorstand mit Hilfe von Fachleuten der neue Auftritt erarbeitet. Die Umsetzung des neuen Auftritts erfolgte auf den 1. Januar 2012 mit neuem Namen und neuem Logo. Die Aufschaltung des neuen Internetauftritts fand im Frühjahr 2012 statt. Der ganze Jahresbericht ist entsprechend neu und moderner gestaltet worden. Jede Schule kann sich erstmals auf einer ganzen Seite präsentieren. Der besseren Lesbarkeit halber wurde dafür ein einheitliches Schema gewählt. Educationsuisse will den Schulen damit in der Schweiz zu besserer Sichtbarkeit respektive zu einem verstärkten Image verhelfen. Der verbesserte Internetauftritt soll den Bekanntheitsgrad der Schulen weiter fördern. Mit ihrem ho-

hen pädagogischen Niveau tragen die Schulen zum positiven Image unseres Landes bei und sind deshalb ein wertvolles Instrument der eigenständigen Aussenpolitik. Die Schulen vermitteln aber auch ein realitätsnahes Bild von der Schweiz durch Schüleraustausch oder Kulturwochen.

Der Jahresbericht sowie die «News» dienen als Visitenkarte des Schweizer Auslandsschulnetzes. Die beiden Publikationen sowie die jährlich stattfindende Konferenz der Schweizer Schulen im Ausland demonstrieren den Zusammenhalt und das einheitliche Auftreten

der Schulen. Beim neuen gemeinsamen Auftritt der vom Bund anerkannten 18 Schweizerschulen ist zu erwähnen, dass das neue Logo mit dem Qualitätshinweis (Government Approved Schools) und der neue Name für einen verstärkten gemeinsamen Auftritt sorgten. Dies bedingte, dass auch auf Webpages, Broschüren, Jahresberichten und Briefpapier die neu vorgeschriebenen Symbole vorgeschrieben und benützt werden mussten.

Wie im Jahresbericht 2011 vermerkt ergriff educationsuisse die Gelegenheit des eigenen neuen Auftritts, um die Schweizerschulen im Ausland vermehrt als Netz von pädagogisch hochstehender Ausbildung sichtbar zu machen. Das neue Logo von educationsuisse mit dem Zusatz ‹Swiss Government Approved School› wurde als Gütesiegel kreiert. Dieses ist ausschliesslich den von der Schweizer Regierung anerkannten Schulen im Ausland vorbehalten. Der neue Name «educationsuisse» für den Dachverband wurde vom BAK-Vertreter Paul Fink stark befürwortet.

Ernst ‹Rüebli› Schadegg
Grafiker

Wer war die kreative Fachperson für die grafische neue und moderne Gestaltung des Jahresberichts 2011 und des Logos? Es war mein alter Freund Ernst Schadegg, Pfadiname ‹Rüebli›, in Gockhausen. In der Ära von Thomas Schmidheiny war er quasi für die grafische Darstellung aller Holcim Publikationen zuständig. Bekannt wurde er als Erfinder des bekannten Holcim Logo, das auf allen Lastwagen, Güterzügen und Filialen des Zementkonzerns augenfällig noch heute gut zu erkennen ist. Zusammen mit der educationsuisse-Geschäftsleitung besuchten wir ihn zwei oder drei Mal in seinem mit afrikanischer und moderner Kunst vollgestopften modernen Haus am Waldrand und diskutierten lange über unsere grafischen Bedürfnisse. Seine Frau Shimmi ist Künstlerin und ihre interessanten Plastiken sind rund ums Haus herum zu sehen. Vor dem Vorstand gab ‹Rüebli› eine beeindruckende Präsentation seiner Ideen für die Umsetzung des neuen Auftritts. Seine umfassende Darstellung der vorgeschlagenen Neuerungen wurde vom Vorstand genehmigt. Dies war ein wichtiger Schritt, da im Ausland neue Privatschulen entstehen, die sich ebenfalls Swiss School nennen. Der Name Swiss School ist gesetzlich nicht geschützt. Das revidierte Auslandschweizer-Ausbildungsgesetz benötigt wie praktisch alle Gesetze noch eine Verordnung, die alle Details regelt. Diese wird jedoch – wie bei allen Verordnungen – weitgehend von der Bundesverwaltung dominiert, so dass der Einsitz von betroffenen Kreisen sehr wichtig ist.

Die Herausforderungen der schweizerischen Auslandsschulen und Vorteile für die Schweiz ohne Rohstoffe

Im Jahresbericht 2012 schrieb der Präsident u. a.: «Die Schweiz verfügt über keine nennenswerten Rohstoffe, weshalb vor allem ein Rohstoff gefördert werden muss und das ist Bildung. Der Rohstoff der Schweiz liegt nicht unter unseren Füssen, er sitzt zwischen unseren Ohren! Und deshalb ist es auch die Aufgabe der Eidgenossenschaft diesen Rohstoff der Schweizer nicht nur im eigenen Land zu pflegen, sondern weltweit dafür zu sorgen, dass Bildung, Ausbildung, Forschung und Wissenschaft entsprechend gefördert werden und Chancen haben».

Auch wenn die Schweizerschulen im Ausland aufgrund ihrer hervorragenden Qualität hohe Anerkennung geniessen, darf nicht vergessen werden, dass sie sich auf einem Markt bewähren müssen auf dem auch amerikanische, britische oder französische Auslandsschulen sowie hervorragende Privatschulen des Gastlandes miteinander konkurrieren. Das verlangt Qualität bei der Bildung und im Umgang mit allen Ansprechpersonen, seien dies nun Schüler, Eltern oder die lokalen Behörden. Zur Überwachung der pädagogischen Qualität leisten die Patronatskantone wertvolle Beratung und Unterstützung. Die Schulen müssen aber auch eine ordnungsgemässe Geschäftsführung und eine bestimmungsgemässe Verwendung der zur Verfügung der zur Verfügung gestellten Mittel nachweisen können.

Lehrpersonen, die an Schweizer Auslandsschulen gehen, sind häufig neugieriger und aufgeschlossener gegenüber neuen Bildungsformen (Computer gestütztes Lernen, Lernen auf Distanz etc.). Bei ihrer Rückkehr in die Schweiz bringen sie oft wertvolle Erfahrungen und Ideen aus dem Ausland in die Schweiz.

Im Berichtsjahr 2012 wurde die Vernehmlassung zum neuen Gesetz eines der zentralen Themen. Rücktritte und Neuwahlen im Vorstand

Die Schweizer Schulen legen grossen Wert auf die Vielsprachigkeit. An der *Schweizer Schule São Paulo* zum Beispiel haben Kinder und Jugendliche die Gelegenheit, vier unterschiedliche Sprachen auf gutem Niveau zu erlernen. Ab dem Kindergarten bietet die Schule bilingualen Unterricht in Portugiesisch und Deutsch mit Spracherwerb durch Immersion an. Unter Immersion versteht sich aus pädagogischer Sicht eine Situation, in welcher ein Kind beiläufig, beispielsweise im Rahmen Sport-, Werk- oder Musikunterrichts eine fremde Sprache erwirbt.

Neben Deutsch und Portugiesisch im bilingualen Unterricht lernen die Schüler und Schülerinnen der Schweizer Schule São Paulo ab der Sekundarstufe Englisch und Französisch. An der Schweizer Schule Barcelona sind es gar fünf Sprachen auf gutem Niveau. Dabei wird der Lehrplan des Patronatskantons so weit wie möglich übernommen.

Swiss Government Approved School
Welche Voraussetzungen hat eine Schule zu erfüllen, um von Bund anerkannt zu werden? Sie muss den Anforderungen des Auslandschweizer-Ausbildungsgesetzes genügen. Zwei der wichtigsten Voraussetzungen sind die politisch und konfessionell neutrale Grundausrichtung sowie ein Patronatsverhältnis zu einem Schweizer Kanton.

Christina Urech
Heute Schulleiterin
Madrid

Vereinsversammlung vom 11. Juli 2012: An dieser Sitzung traten unter Verdankung ihrer Dienste zurück: Stephan Berger als Vertreter der Schulträgerschaften, **Christina Urech** als Vertreterin der Schulen Europas sowie Dr. Hermann Bürgi, alt Ständerat. Hermann Bürgi hat sich im Parlament und bei Behörden stark für die Schweizer Auslandsschulen eingesetzt. Auf seinen Vorschlag wurde Dr. Ivo Bischofberger, Ständerat Appenzell Ausserrhoden in den Vorstand gewählt. Ebenfalls neu in den Vorstand gewählt wurde **Barbara Sulzer Smith**, Schulleiterin Schweizer Schule Barcelona als Vertreterin der Schulen in Europa. Die Präsidentin der Schweizer Schule Bergamo, **Elena Legler**, wurde als Vertreterin der Schulträgerschaften gewählt. Christina Urech war von 2006-2012 Direktorin der Schweizer Schule Mailand. Von 2013 bis 2015 leitete sie die Freie Evangelische Schule Zürich und 2016-2020 als Hauptschulleiterin die Schule Schüpfen. Seit 2020 ist sie Direktorin der Schweizer Schule Madrid.

Barbara Sulzer Smith
Heute Geschäftsführerin
educationsuisse

Familie Legler gründete 1865 in **Ponte San Pietro** bei Bergamo ein Textilunternehmen

Diese Schule in Bergamo ist an die Gründerfamilie Legler gebunden, welche aus Diesbach im Kanton Glarus stammte und sich schon 1865 als Textilfabrikanten mit einem eigenen Textilindustriezweig in Ponte San Pietro bei Bergamo niederliessen.

1982 wurde die Privatschule Legler gegründet und von der Familie Legler direkt unterhalten und betrieben. Die Schule war für Kinder von deutschsprachigen, vor allem Schweizer Familien gedacht, welche in den Werke der Firma Legler tätig oder sonst in der Region Bergamo ansässig waren. Es entstand der internationale Textilkonzern Legler, der nach dem zweiten Weltkrieg zu den grössten in Europa zählten. Im Jahr 2001 wurde die Produktion in Diesbach und in Ponte San Pietro eingestellt. Dank der Textilindustrie hat die Familie Legler nicht nur Wohlstand geschaffen, sondern sich zugleich als sozial aufgeschlossenes Unternehmen ausgezeichnet. Für ihre Arbeiter bauten sie Häuser, Sportanlagen und richteten Organisationen mit sozialem Zweck ein.

Im Jahr 1892 wurde die ‹Schweizer Privatschule Legler› gegründet

Die damaligen Unternehmer hatten das Bedürfnis nach einer konfessionell neutralen Schule. Im Jahr 1965 anerkannte der Bund die Schweizer Privatschule Legler als offizielle Auslandsschule. Im Hause Legler ist die Verbindung zur Heimat ungebrochen: Nach Generationen reden noch alle Nachkommen neben Italienisch immer noch Schweizerdeutsch. So auch Elena Legler.

Der Verfasser hatte im Jahr 2000 Gelegenheit diese Schule in Ponte San Pietro zu besuchen. Die Schule hatte ungefähr 40 Schüler und Schülerinnen. Diese waren in einem recht bescheidenen Schulhaus untergebracht. Das Defizit der Schule wurde regelmässig von der Familie Legler gedeckt. Eines Tages beschloss die Familie bzw. ihre Stiftung mit der Bezahlung der Defizite der Schule aufzuhören und bezahlten für die Gründung einer neuen Schule in Bergamo CHF 400'000.– durch eine mit der Familie Legler befreundete Anwältin in Aarau, die ich ebenfalls kenne. Im Jahr 2005 zog die Schule nach Bergamo in ein grösseres Schulgebäude um und ist seither die

Elena Legler Donadoni
Präsidentin der Schule
Bergamo. Rechts:
Bild der **Schule Bergamo**

«**Schweizer Schule Bergamo**». Es ist Elena Legler hoch anzurechnen, dass sie 2006 als Präsidentin den Mut zu einer Neugründung hatte und sich aus finanziellen Gründen für ein gemietetes Gebäude als Schule in Bergamo einsetzte. Heute werden ungefähr 150 Schüler und Schülerinnen in dieser Schule unterrichtet.

In einem Interview im Jahresbericht 2014 wurde der ehemalige, doktorierte Rektor des Gymnasiums Appenzell, Ivo Bischofberger, Ständerat und Vorstandsmitglied, gefragt: «Wenn Sie Schweizer Auslandsschüler*rinnen mit den hiesigen Schüler*innen vergleichen, was fällt Ihnen am stärksten auf?»
«In den Bereichen Spontanität, Interesse und positiver Neugier stelle ich keine signifikanten Unterschiede fest. Vielleicht war es ein Zufall, aber die Diskussionen und Fragerunden verliefen mit den Mädchen und Knaben der Schule Bergamo im Vergleich zu Gleichaltrigen aus Schweizer Klassen um einiges lebendiger».

Ivo Bischofberger
Alt Ständerat Appenzell
Ausserrhoden

29	**Weitere Verbreitung der Vereinsbasis von educationsuisse dank neu eingeführter Übersicht im Jahresbericht 2014**

Im Jahresbericht 2011 von educationsuisse wurde zum ersten Mal in einer Übersicht dargestellt, wie viele Kinder von multinationalen Schweizer Unternehmen an welcher Schweizerschule im Ausland eingeschult sind. Aufgrund dieser Zahlen konnte sich die Firma Bühler in Uzwil dazu entschliessen, Mitglied des Vereins educationsuisse zu werden. Mit ihrem Beitritt manifestiert die Firma Bühler, dass die Unterstützung der Schweizerauslandsschulen Bestandteil der schweizerischen Wirtschafts- und Standortpolitik ist. Im Verlaufe der Zeit wurden weitere Schweizer Firmen Mitglieder des Vereins: Credit Suisse AG, Zürich, economiesuisse, Novartis International AG, Basel, Sulzer Management AG, Winterthur, Berner Kantonalbank.

30	**AJAS sucht Fusionspartner – Verwaltung und Anlage der Bundesbeiträge im Auftrag der Schulen**

Der 1962 gegründete Verein zur Förderung der Ausbildung junger Auslandschweizerinnen und Auslandschweizer AJAS unterstützt Auslandschweizer bei ihrer ersten Ausbildung in ihrem Heimatland. Einerseits berät AJAS die Jugendlichen, wenn sie Fragen zu den Ausbildungsmöglichkeiten in der Schweiz haben und vermittelt ihnen die nötigen Kontaktadressen. Andererseits ist AJAS bei der Vermittlung der kantonalen Stipendien behilflich und kann, wenn nötig, von eigenen bescheidenen Mitteln Zusatzstipendien zu den kantonalen Stipendien gewähren.

Vorgeschichte
Ursprünglich bei der Stiftung Pro Juventute in Zürich angesiedelt, wurde die Geschäftsstelle von AJAS 1989 nach Bern unter das Dach der Auslandschweizer-Organisation transferiert, wo bereits das KSA seinen Sitz hatte. Aus dem Bedürfnis, die Dienstleistungen im Bildungsbereich zusammenzufassen, ergab sich schliesslich das Projekt einer Fusion von educationsuisse und AJAS. An seiner Sitzung vom 23. November 2012 hat der Vorstand educationsuisse die Übernahme von AJAS durch educationsuisse unter der Voraussetzung befürwortet, dass die Weiterführung der Subvention gewährleistet bleibt. Dies war in der Folge dann auch der Fall. Die Beratungstätigkeit von AJAS blieb nach der Fusion im gleichen Umfang aufrechterhalten.

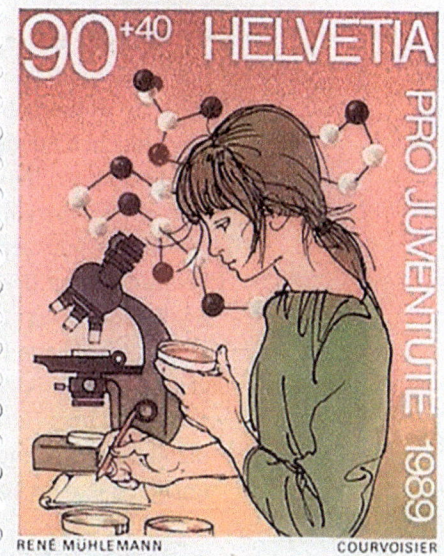

Zwei der vier Pro Juventute Marken des Jahres 1989.

Vor der Fusion musste der Autor mit dem vorherigen jungen AJAS Präsidenten, Nationalrat Antonio Hodgers (Grüne Partei) ein Gespräch führen, da dieser wissen wollte, wie es mit AJAS aus unserer Sicht weitergehen würde. Hodgers kam mit seiner Schwester und Mutter 1981 als argentinische Flüchtlinge in der Schweiz an, da die Familie sich gegen die Militärdiktatur in Argentinien auflehnte. Nach dem Studium in Genf folgte eine glänzende politische Karriere bis zur Wahl als Nationalrat der Grünen Partei. Heute ist er Regierungsrat des Kantons Genf.

Antonio Hodgers
Heute Regierungsrat des
Kantons Genf

Die Geschäftsstelle AJAS mit Sitz in Bern berät, unterstützt jährlich zahlreiche schweizerische Jugendliche und junge Erwachsene aus dem Ausland bei der Absolvierung ihrer Ausbildung in der Schweiz.

Unter Artikel 14, Absatz 2, Buchstabe d des neuen Gesetzes kann die bisherige Förderung von AJAS weitergeführt werden. Für ausländische Staatsangehörige besteht jedoch keine Möglichkeit für eine finanzielle Unterstützung durch die Kantone. Die bisherige Leiterin von AJAS, Fiona Scheidegger, wird ab dem 1. Januar 2014 zur Co-Geschäftsführerin von educationsuisse.

Fiona Scheidegger
2014
Co-Geschäftsführerin
von educationsuisse

Vor allem die Co-Geschäftsführerin Spicher verwaltet das Vermögen des Vereins mit einem Mandat an eine Bank. Ferner verwaltet die Co-Geschäftsführerin Irène Spicher auch ihr temporär von den Schulen übertragenen Bundesbeiträge des BAK, das heisst, bis diese von den Schulen abgerufen oder auftragsgemäss ausbezahlt werden. Für jede Schule wird ein spezielles Konto geführt. Da die Zinsen seit einigen Jahren sehr tief sind, hat educationsuisse einer professionellen Beratungsfirma (Hinder Asset Management) den Auftrag für eine Analyse der bisher angelegten Gelder mit entsprechenden Empfehlungen erteilt. Die Empfehlungen haben sich nicht von der bisherigen Anlagepolitik grundsätzlich unterschieden, werden jedoch nun sukzessive umgesetzt. Der Vorstand hat von diesem Bericht zustimmend Kenntnis genommen und beschlossen, einen Vorschlag für ein Anlagereglement ausarbeiten zu lassen.

Im Jahresbericht 2013 wurde darauf hingewiesen, dass die Schweizer Schulen im Ausland zunehmend in der Öffentlichkeit an Bedeutung gewinnen. Ein Beleg dafür ist das gestiegene Interesse an den Auslandsschulen in schweizerischen Medien sowie im Eidgenössischen Parlament. Endlich ist Planungssicherheit für die Auslandsschulen vorgesehen: Das Instrument eines vierjährigen Zahlungsrahmen der Subventionen soll eingeführt werden.

Das Problem der allzu knappen finanziellen Mittel der Geschäftsleitung konnte dank der erfolgreichen Arbeit zugunsten der Schulen im Verlauf der Zeit gelöst werden: Eine Erhöhung des Mitgliederbeitrages/Spende der Schweizer Schulen wurde auf 1% des jeweiligen Subventionsbeitrages festgelegt.

Neues Bundesgesetz – Rücktritt von Paul Fink, Rudolf Wyder und Jean-Francois Lichtenstern

Am 7. Juni 2013 unterbreitete der Bundesrat dem Parlament die Botschaft zum neuen Bundesgesetz über die Vermittlung schweizerischer Bildung im Ausland. Der Ständerat befasste sich als Erstrat mit der Vorlage. educationsuisse – vertreten durch Barbara Sulzer Smith und Irène Spicher – erhielt Gelegenheit, von der Kommission für Wissenschaft, Bildung und Kultur des Ständerates angehört zu werden.

In der Wintersession genehmigte der Ständerat die Gesetzesvorlage mit 41:0 Stimmen. Das Geschäft wurde in der Frühjahrssession 2014 im Nationalrat behandelt und angenommen.

An der Vereinsversammlung vom 9. Juli 2013 gab es drei prominente Rücktritte aus dem Vorstand: Paul Fink (Bundesamt für Kultur BAK), Jean-Francois Lichtenstern (Departement für auswärtige Angelegenheiten EDA) und Rudolf Wyder (Auslandschweizer-Organisation ASO).

Paul Fink
Vertreter BAK und Mitglied Vorstand des Dachverbandes (bis 2013)

Ende Juli 2013 ging Paul Fink, im Bundesamt für Kultur zuständig für die Schweizer Schulen im Ausland, nach fast dreissigjähriger Tätigkeit in den vorzeitigen Ruhestand. Mit «Standing Ovations» verabschiedete die Generalversammlung des Vereins educationsuisse den langjährigen Weggefährten und kompetenten Kollegen im Vorstand. Das BAK ernannte als Nachfolgerin die wissenschaftliche Mitarbeiterin Fiona Wigger-Häusler. Sie arbeitete sich rasch in ihre neue Aufgabe ein und vertrat das BAK an den Vorstandssitzungen effizient und mit Charme.

Jean-Francois Lichtenstern
Departement für auswärtige Angelegenheiten EDA

In der letzten Sitzung des Jahres 2013 vom 6. Dezember 2013 verabschiedete der Vorstand ebenfalls sein langjähriges Mitglied Rudolf Wyder, Direktor der Auslandschweizer-Organisation. Die hohe Akzeptanz, die Rudolf Wyder bei eidgenössischen Parlamentarierinnen und Parlamentarier genoss, kam educationsuisse respektive den Schweizer Auslandsschulen zugute. Mehrer Male wurden zudem im Auslandschweizerrat – auch Parlament der fünften Schweiz genannt – Resolutionen zugunsten der Schweizerschulen im Ausland gefasst. Auftritte des Präsidenten von educationsuisse vor Anwesenden aus der Parlamentarischen Gruppe «Auslandschweizer» wurden durch die Vermittlung von Ruedi Wyder ermöglicht.

Rudolf Wyder
Direktors der Auslandschweizer-Organisation

Hans Ambühl
Vorstandsmitglied

Sarah Mastantuoni
Vizedirektorin ASO

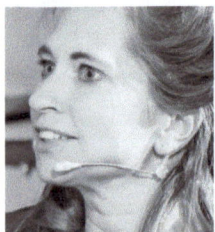

Fiona Wigger-Häusler
Bundesamt für Kultur

Peter Zimmerli
Konsularische Direktion
EDA

Konferenz der Auslandsschulen in Glarus.

Neu im Vorstand: Hans Ambühl, Schweiz. Konferenz der kantonalen Erziehungsdirektoren EDK. Leander Amherd, Rektorenkonferenz der Schweizer Universitäten CRUS, Sarah Mastantuoni, Vizedirektorin ASO, Fiona Wigger, BAK und Peter Zimmerli, Konsularische Direktion EDA.

An der jährlichen Konferenz der Auslandschulen in Glarus traten u. a. auch Vorstandsmitglied Hans Ambühl auf. Im Zentrum seiner Ausführungen stand die Harmonisierung der obligatorischen Schule. Er stellte die Bildungsverfassung für den Bildungsraum Schweiz nach Art. 62a der Bundesverfassung vor. Dieser regelt, dass der Bund und Kantone gemeinsam, im Rahmen ihrer Zuständigkeiten, für eine hohe Qualität und Durchlässigkeit im Bildungsraum Schweiz sorgen. Die Kantone harmonisieren auf dem Koordinationsweg das Schuleintrittsalter, die Dauer der Schulpflicht sowie die Bildungsstufen. Sie harmonisieren auch die Ziele der Bildungsstufen durch nationale Grundkompetenzen und sprachregionale Lehrpläne.

Irène Spicher hatte schon seit mehreren Jahren den Wunsch geäussert, die Gesamtverantwortung für die Geschäftsstelle – die in den letzten Jahren stets komplexer und anspruchsvoller geworden ist – abzugeben und eine weniger verantwortungsvolle Stelle bei educationsuisse zu übernehmen. Der Vorstand beauftrage gegen Ende 2013 eine Arbeitsgruppe (Ausschuss), eine Neukonstruktion der Geschäftsstelle vorzuschlagen und gleichzeitig die Co-Geschäftsleitung wieder durch eine allein verantwortliche Geschäftsführerin zu ersetzen.

Im Frühling 2015 konnte der Vorstand auf Empfehlung des Ausschusses zwischen zwei bestens qualifizierten Kandidatinnen mit Schulleitererfahrung und kommerziellen Kenntnissen auswählen: **Christina Urech** leitete die Schweizer Schule Mailand von 2006 bis 2012. Sie war ebenfalls während mehreren Jahren Vorstandsmitglied (Seit 2020 ist sie Direktorin der Schweizer Schule Madrid).

Christina Urech
Heute Schulleiterin
Madrid

Die Wahl fiel auf **Barbara Sulzer Smith**, die mit einem 65 Prozent Pensum ab 1. Juni 2015 zur Geschäftsführerin gewählt wurde. Sie löst damit Irène Spicher in dieser Funktion ab. Barbara Sulzer leitete von 2010 bis 2014 die Schweizer Schule Barcelona und war während zwei Jahren auch im Vorstand von educationsuisse tätig. Die Ökonomin bringt neben einer breiten Erfahrung im Bildungswesen auch Managementerfahrung aus der Privatwirtschaft mit, wo sie während mehreren Jahren vor allem im Beratungsbereich tätig war. Der Vorstand gratulierte und wünschte ihr viel Glück und Erfolg in ihrer neuen Tätigkeit. Meine Zusammenarbeit während eines Jahres mit der neuen Geschäftsführerin Barbara Sulzer Smith verlief harmonisch und effizient.

Barbara Sulzer Smith
Heute Geschäftsführerin
educationsuisse

Rücktritt der langjährigen Geschäftsführerin Irène Spicher – Bemerkungen zur Konferenz in Glarus

Olivia Lehmann

Irène Spicher hat während 15 Jahren dieses Amt innegehabt, einige Jahre ganz allein, später mit Unterstützung von zwei sich folgenden Mitarbeiterinnen. Nach der Fusion mit AJAS war sie mit der Leiterin von AJAS Fiona Scheidegger Co-Geschäftsführerin. Einige Zeit später war Irène wieder alleinige Geschäftsführerin, da Fiona eine neue berufliche Herausforderung angenommen hatte. Gegen das Ende ihrer Funktion musste nach dem Übertritt von Andrea Spring ins BAK eine neue Mitarbeiterin gefunden werden. Zu meinem anfänglichen Schrecken wählte Irène eine erst 19-jährige junge Frau namens Olivia Lehmann, die gerade ihre kaufmännische Lehre abgeschlossen hatte. Nach kurzer Zeit wurde mir klar, dass Irène eine hervorragende Mitarbeiterin ausgewählt hatte. Mit ihrem Einsatz und vielen Fähigkeiten wurde sie bald zu einer wesentlichen Stütze von educationsuisse.

Die Vorstandssitzungen, die Generalversammlung und die jährlichen Konferenzen hat die zuverlässigen Irène Spicher mit mir zusammen organisiert und durchgeführt.

Mit der seriösen und tatkräftigen Unterstützung von Irène während vielen Jahren enger Zusammenarbeit mit dem Präsidenten wurde aus einem losen Förderverein «Komitee für Schweizer Schulen im Ausland» ein schlagfertiger Verband im Interesse der Auslandsschulen, der mit seinem Netzwerk wichtige und notwendige Dienstleistungen erbringt. Die Interessen dieser Schulen werden gegenüber Behörden, der Wirtschaft und der Öffentlichkeit wahrgenommen.

Es war mit deshalb ein Bedürfnis, Irène Spicher für die hervorragende langjährige Zusammenarbeit und für ihre loyale Aufbauarbeit herzlich zu danken und ihr für die Zukunft alles Gute zu wünschen.

Derrick Widmer und **Irène Spicher** an der Konferenz 2014 in St. Gallen

An der Konferenz im Jahr 2013 stellte Fiona Wigger vom BAK (Nachfolgerin von Paul Fink) die Verordnung auf Stufe Departement EDI mit dem neuen Berechnungsmodell in den Mittelpunkt. (Verordnungen sind rechtssetzende Erlasse, welche der Verfassung und dem Gesetz nachgeordnet sind. Sie führen die gesetzlichen Bestimmungen aus und ergänzen und vervollständigen diese). Die von Fiona Wigger angesprochene Verordnung bestimmt im Wesentlichen die Subventionsbeiträge für Schüler, Schülerinnen und Lehrkräfte. Dabei schätzt Wigger die Ausgangslage als herausfordernd ein, da grundsätzlich mit einem gleichbleibenden Budget zukünftig mehr Aufgaben finanziert werden müssen. Ausserdem erlaubt das Gesetz auch keine Rückstellungen und somit keine Einsparungen von einem Jahr auf das nächste, um längerfristige Ausgaben zu finanzieren.

Die gesetzlichen Grundlagen sowie die strategischen Überlegungen für die Verordnung haben laut Fiona Wigger folgende Konsequenzen: grosse Schulen mit überdies vielen Schweizer Kindern – vor allem jene in Lateinamerika – erhalten tendenziell höhere Unterstützungsgelder vorwiegend gestützt auf die grössere Anzahl Schweizer Lehrkräfte zur Stärkung der vom Parlament gewünschten Swissness. Dagegen stehen den mittelgrossen Schulen in Italien und Asien, etwas weniger Mittel zur Verfügung. Darüber hinaus können aber die kleinen Schulen von höheren Subventionen für ihre Lehrkräfte profitieren und die Höhe der Beiträge werden nach Diskussionen an der Konferenz für ihre Lehrkräfte profitieren und neu sollen sie auch für die Schulleitung einen Beitrag erhalten. Der detaillierte Verteilerschlüssel und die Höhe der Beiträge werden nach der Diskussion an der Konferenz und mit Hilfe der AAK nochmals überarbeitet.

Der educationsuisse Präsident sah und sieht die Rolle der Schweizer Auslandsschulen in der dualen Ausbildung im Ausland etwa so: Die Auszubildenden arbeiten und lernen praktisch etwas drei bis vier Tage pro Woche in einem Betrieb und an ein bis zwei Tagen pro Woche besuchen sie die Berufsfachschule für den theoretischen Unterricht. Für diese Theorievermittlung könnten dann die Schweizer Schulen verantwortlich sein. Die Schulen sollen ausserdem in eine strategische Struktur eingebettet sein, die bereits der Gesetzgeber im neuen SSchG (Bundesgesetz über Vermittlung schweizerischer Bildung im Ausland) vorgesehen hat. Diese besteht aus einer Kooperation von BAK und SBFI für die strategische Steuerung und Teilfinanzierung der Firmen vor Ort, welche Lehrstellen für die praktische Ausbildung im Rahmen eines Lehrvertrages zur Verfügung stellen.

Der Kanton St. Gallen ist der Patronatskanton der Schweizer Schule Rom. Der Kanton stellte den Kantonsratssaal kostenlos zur Verfügung und offerierte zudem St. Galler Bratwürste für den Stehlunch am offiziellen Tag der Konferenz. Konferenzschwerpunkte bildeten die duale Berufsausbildung als Exportgut der Schweiz und die Verordnung zur Umsetzung des neuen Schweizerschulgesetzes.

Yvette Sánchez
Professorin für Kultur und Gesellschaft Lateinamerikas und Spaniens an der Universität St. Gallen

Besonders gut in Erinnerung geblieben ist mir der Besuch der Universität HSG St. Gallen, wobei eine Führung von Frau Yvette Sánchez durch die grandiose Kunstsammlung der Universität im Gedächtnis haften blieb. Mit Yvette, der Präsidentin der Kunstkommission war ich mehrere Jahre in einer Stiftung, der ‹Fundacion education› und habe diese Kunstsammlung früher mit ihr zwei Mal besucht. Diese erfolgreiche Fundacion Educacion erteilt Stipendien an begabte Kinder aus armen Verhältnissen in Peru, Kolumbien, El Salvador und Guatemala. Yvette Sánchez ist ordentliche Professorin für Spanische Sprache und Literatur sowie Direktorin des Centro Latinamericano-Suizo. Darüber hinaus ist sie aktive Präsidentin der Kunstkommission, die die Sammlung laufend erweitert.

Bewunderung für die bemerkenswerte Kunstsammlung an der Universität St. Gallen gab es schon immer. Lange wussten die meisten Studierenden allerdings wenig über die Werke auf dem Campus, die man in diesem Ausmass und in dieser Qualität eher in einem renommierten Museum als an einer Wirtschaftsuniversität erwarten würde. Mittlerweile ist die Kunst nicht mehr aus dem studentischen HSG-Alltag wegzudenken. Sie wird den neueintretenden Studierenden schon in der Startwoche vorgestellt. Die neue Kunst-App ermöglicht es auch Studentinnen und Studenten einen spontanen und niederschwelligen Zugang zur Bedeutung der Werke.

Führung durch die
**Kunstsammlung der
Universität St. Gallen**
mit Yvette Sánchez

Thomas Heiniger mit Assistentin, die das rote Band durchschneidet

Im Jahr 2014 feierte die Schweizerschule Catania ihr 111-jähriges Bestehen. Unter den geladenen Gästen befanden sich Derrick Widmer und Olivia Lehmann von educationsuisse, Dorothee Widmer, Präsidentin Kommission für die Vermittlung schweizerischer Bildung im Ausland (KVSBA) und Vereinigung der Patronatskantone. Auch der Bürgermeister von Catania war anwesend und äusserte sich mit wertschätzenden Worten gegenüber der Schweizer Schule.

Thomas Heiniger
Regierungsrat und Vertreter des Patronatskantons Zürich (2007 – 2019)

Thomas Heiniger, Regierungsrat und Vertreter des Patronatskantons Zürich, hielt eine Rede. Dank dem Kanton Zürich als Grossspender für einen Schulumbau und Erweiterung der Schulgebäude macht die Schule nun auch äusserlich einen guten Eindruck. Regierungsrat Thomas Heiniger gefällt es in Catania so gut, dass er sich in der Nähe der Stadt ein Ferienhaus am Meer kaufte.

Eines der neuen Klassenzimmer der Schule in **Catania**

Zum Abschluss dieses Besuchs wurden wir noch in die ‹Fondazione Brodbeck› eingeladen, gegründet 2007 in der vulkanischen Stadt Catania. Hier kamen wir nicht zum Erstaunen heraus: In einem verlassenen und teilweise verfallenen Fabrik-Anlage des 19. Jahrhunderts (postindustriale) von 6 000 Quadratmetern, liess Paolo Brodbeck 1 200 Quadratmeter für Kunstausstellungen renovieren. Auch die übrigen Teile der Fabrik können für Kunstwerke genutzt werden, teilweise allerdings nur für grössere Skulpturen. Der ganze Komplex ist von einer hohen Mauer umgeben und befindet sich im ehemaligen Arbeiterviertel San Cristoforo ganz in der Nähe des alten Zentrums von Catania. Nadia Brodbeck, die Tochter von Paolo ist die Direktorin des Museums. Zu sehen ist vor allem die Kunstsammlung der Familie Brodbeck, die italienische und internationale Gegenwartskunst auf höchstem internationalem Niveau zeigt. Im Eingangshaus hat es eine Wohnung für einen Künstler, der in den alten Fabrikhallen arbeiten kann (artist in residence). Dabei handelt es sich um einen Künstler oder Künstlerin, die für eine bestimmte Periode eingeladen wird, Kunst vor Ort zu produzieren oder zu beraten und auch von Nadine und Paolo betreut wird. Dieser einmalige Besuch der Fondazione Brodbeck ist für jeden Kunstfreund ein ‹must›, d. h. sehr zu empfehlen.

Nadia Brodbeck hat seit Sommer 2020 die Schulleitung von Catania übernommen (nach Absolvierung der PHSZ). Damit ist sie Nachfolgerin von ihrer Tante Loretta Brodbeck, die Präsidentin der Schule ist.

Nadia Brodbeck
Schulleiterin der Schule
Catania seit 2020

Die grösste Schweizerschule im Ausland besteht aus einer Hauptschule in Mexiko Stadt und zwei Zweigstellen in Cuernavaca und Querétaro. Diese drei Schulen unterrichten insgesamt 1 400 Schüler. Diese Schulen feierten im November 2015 ihr 50-jähriges Bestehen. Der Anlass wurde mit einem grossen Fest gefeiert, an welchem auch der Präsident von educationsuisse, Derrick Widmer, Fiona Wigger als Vertreterin des BAK und Vorstandsmitglied von educationsuisse sowie Hans Ambühl, Generalsekretär der EDK und ebenfalls Vorstandsmitglied teilnahmen.

50 Jahr-Feier in **Mexiko**

Der Generaldirektor Jörg Wiedenbach erklärte, das Bildungsmodell von Mexiko lehrt die Schüler, zu argumentieren und Selbständigkeit zu entwickeln. Der Erfolg der Schule, meinte Jörg Wiedenbach, sei der Qualität des Unterrichts und der Lehrerschaft zu verdanken.

Die erste Schweizer Kolonie etablierte sich in Mexiko vor der Revolution von 1920. Im Jahr 1927 wurde in Mexiko City der Schweizer Sportclub mit 250 Mitgliedern gegründet. 1964 lud ein Lehrer, der damals an der Deutschen Schule unterrichtete, seine Landsleute ein, in Mexiko eine Schweizer Schule zu gründen. Seine Initiative fand Anklang. Der Patenkanton ist der Kanton Zürich. Zu Beginn betrug der Anteil von Schweizern 30% und nahm mit den Jahren ab, um sich bei 25% einzupendeln. Doch die Tatsache, dass grosse Schweizer Unternehmen immer weniger Auslandschweizer einstellen, führt tendenziell dazu, dass der Prozentsatz der Schweizerkinder weiter sinkt. Der Weitblick früherer Schulleitungen in den vergangenen 25 Jahren Zweigstellen in Cuernavaca und Querétaro einzurichten, führten zu diesem grossen Wachstum der Anzahl Schüler.

Heute sind nur noch 8% der Schüler schweizerischer Abstammung, weitere 10% kommen aus Ländern wie Frankreich und Deutschland. Die grosse Mehrheit sind Mexikaner.

Die Schweizer Schulen sind Botschafter eines schweizerischen Qualitätsprodukts namens «Bildung», aber auch der schweizerischen Kultur. Es gibt viele gute Privatschulen in Mexiko. Für einige Familien ist diese Schule die interessanteste und beste Alternative. Ihre grösste Stärke ist der Lehrkörper und ihr Professionalismus. Im Moment sind 50% des Lehrkörpers Schweizer Bürger oder sonstige Ausländer, die übrigen 50% sind Mexikaner.

Der Unterricht folgt im Kindergarten, in der Primar- und Sekundarstufe I im Wesentlichen den Lehrplänen Mexikos und des Patronatskantons Zürich; die Einführung des Lehrplans 21 und die Umstellung auf kompetenzorientierten Unterricht ist in vollem Gange. Die Sekundarstufe II folgt an allen drei Standorten den mexikanischen Vorgaben für die Vorbereitung auf ein Studium in Mexiko und den Vorgaben des Programms des International Baccalaureate (IB). An der Mittelschule schliessen die Schüler mit dem Bachillerato Mexicana, UNAM, und dem IB-Diplom ab. Damit haben die Schüler Zugang sowohl zu den inländischen Hochschulen und Universitäten also auch zu solchen in der Schweiz und in vielen weiteren Ländern.

Unterrichtssprachen sind Deutsch in der Vorschule, Spanisch und Deutsch ungefähr zu gleichen Teilen in der Primarschule, und Deutsch, Spanisch und Englisch in der Sekundarstufe.

Ausserdem erwerben die Schüler das Deutsche Sprachdiplom der Stufe I und/oder II der deutschen Kulturministerkonferenz sowie mindestens ein Cambridge Diplom: B2 First for Schools (FCE S) und / oder C1 Advanced (CAE) und/oder C2 Proficiency (CPE).

Optional kann auch für Französisch ein DELF-Diplom oder für das chinesische Mandarin ein Diplom erworben werden.

Wie **Jörg Wiedenbach** in einem Interview der SWI (swissinfo.ch) erklärte, werden die Kinder zum Nachdenken angespornt anstatt Texte auswendig zu lernen. Weiter werden die Schüler der höheren Mittelstufe angehalten, Forschungsfähigkeiten zu entwickeln. Vor der Matura muss jeder Schüler während zwei Semestern in Begleitung eines Beraters forschen und eine Monografie verfassen, die er nach Abschluss vor der Öffentlichkeit verteidigt.

Jörg Wiedenbach
Generaldirektor der drei
Schweizerschulen in
Mexiko

Auch Sprachen sind immer präsent. Die Kinder lernen seit dem Kindergarten Deutsch, ab der ersten Primarklasse Spanisch, ab der fünften Klasse Englisch und während der Mittelschule fakultativ Französisch und später sogar Mandarin.

Am dualen Ausbildungssystem wie im neuen Schweizer Schulgesetz (SSchG)vorgesehen, ist die Schweizers Schule Mexiko bis jetzt nicht beteiligt. Gegenwärtig ist Mexiko das einzige lateinamerikanische Land, das seit 2015 über ein Bildungsgesetz verfügt, das duale Bildung als höhere Bildungsstufe anerkennt. Man will vor allem die Erfahrung und die Kenntnisse der Unternehmen nutzen. Die Schweizer Schule schliesst nicht aus, sich in Zukunft mit Kursen zu beteiligen, allerdings nicht während des normalen Unterrichts, sondern zum Beispiel mit Abendkursen.

Wie Jörg Wiedenbach weiter erklärte, besteht für Mexiko die grosse Herausforderung darin, dass die Gesellschaft glaubt, man müsse einen Universitätsabschluss haben, um anerkannt zu werden. Es werde viel brauchen, um dieses Vorurteil zu überwinden.

Mit den Schweizer Lehrern versucht Wiedenbach zusammen mit dem übrigen Lehrkörper den Schülern Werte, wie Pünktlichkeit, Ausdauer, Exaktheit und Liebe fürs Detail, die für Schweizer Firmen typisch sind, beizubringen.

Jörg Wiedenbach ist kein Pädagoge. Er hat eine Banklehre gemacht (kennt also bestens das duale Berufssystem) und an einer Fachhochschule Wirtschaft und Betriebswirtschaft studiert. Damit er einen Einblick in die pädagogische Führung einer Schule bekommt, hat er im Jahr 2015 an der PH Luzern den Pilotkurs (CAS) ‹Mit Führungserfahrung eine Schule leiten› absolviert.

Vor der Übernahme seiner Position als Generaldirektor der Schule hat er viele Jahre bei der internationalen Aufzugsfirma Schindler in Mexiko als Finanz-, Operations-, und am Schluss als Generaldirektor gearbeitet. Er wohnt seit mehr als 27 Jahren in diesem Land und kennt deshalb die Mentalität der Mexikaner bestens.

Für die grösste Auslandschweizer Schule ist es ein Glücksfall einen Industrie-Manager als Generaldirektor gefunden zu haben. Seine drei Schulen werden selbstverständlich von begabten pädagogischen schweizerischen Schulleitern geführt. Jörg Wiedenbachs langjährige Beziehung zur Schule Mexiko (vor der Übernahme seiner Stelle war er schon als Vorstandsmitglied der Schule Mexiko tätig) hat auch den Vorteil, dass er sein Wissen und Können überzeugend auch in den Vorstand von educationsuisse einbringen konnte. Neuen Schulleiter*innen in Lateinamerika hat Jörg Wiedenbach bei den jährlichen Treffen der lateinamerikanischen Schulen stets gut in die aktuellen Probleme eingeführt und beraten.

Ebenfalls im Berichtsjahr konnte in Mexiko auf dem Campus Querétaro der Neubau des Gymnasiums eingeweiht werden.

Campus Querétaro:
Neubau (CAD) des
Gymnasiums

Mit einem breiten Fächer an Aktivitäten beging die Schweizerschule Mexiko im November 2015 die Feier ihres 50-jährigen Bestehens. Beliebt an diesem Anlass war auch ein PC-Programm mit dem alle Klassenfotos von der ersten Klasse bis heute ansehen und an sich selber verschicken konnte. Die Nacht des 13. November war für die ehemaligen Schüler*innen und die heutige Schulgemeinde reserviert. Mehr als 300 Personen verbrachten auf dem grossen Schulhof einen unvergesslichen Abend untermalt von der Musik von zwei Bands, bei denen einige Lehrer mitspielten. Die Sekundarschüler überraschten die Anwesenden mit Vokalmusik- und einer modernen Tanzvorstellung und am Schluss sang der Lehrerchor Lieder aus verschiedenen Gegenden der Schweiz. Dann wurde die Tanzpiste eröffnet. Es gab intensive Momente des Wiedersehens; einige ehemalige Schüler und Lehrer waren aus anderen Teilen der Welt zu Besuch gekommen. Am Samstag, 14. November fand der krönende Abschluss der Feier statt. Die Ehrengäste waren Hans Ambühl, Generalsekretär der Schweizer Erziehungsdirektorenkonferenz; Jörg Wiedenbach, Generaldirektor Schulen Mexiko; Sr. Louis-José Touron, dem Schweizer Botschafter in Mexiko; Derrick Widmer, Präsident von educationsuisse; Fiona Wigger vom BAK und Bernhard Rutschi, Schweizer Konsul in Mexiko. Das Publikum erlebte ein gemischtes Programm mit Vorträgen der Ehrengäste und verschiedene kulturelle Darbietungen der Schüler. Es gab Theater, Gesang und traditionelle sowie moderne Tanzvorstellungen. Der Lehrerchor schloss die feierlich und doch fröhlich den offiziellen Akt ab.

Hans Ambühl,
Jörg Wiedenbach,
Elise Touron,
Luis-José Touron,
Derrick Widmer,
Fiona Wigger und
Daniel Zehnder (v.l.)

39   **Versicherungsprobleme bei Anstellung von Schweizer Lehrpersonen. Stipendienbetreuung AJAS***

Im Jahresbericht 2015 wurde festgehalten:

Europa: Auf Grund der strengeren Bestimmungen und Kontrolle der Koordination der Systeme der sozialen Sicherheit in Europa galt es die Anstellungsbedingungen der Schweizer Lehrpersonen an den Schweizer Schulen zu überdenken.

Die Weiterversicherung bei den Schweizer Sozialversicherungen ist ein wichtiges Element im Rekrutierungsprozess für Schweizer Lehrkräfte. In enger Zusammenarbeit mit dem Bundesamt für Sozialversicherungen (BSV) konnten Anstellungsbedingungen geklärt und neu definiert werden. Die Schweizer Lehrkräfte gelten im Sozialversicherungsbereich als Beamte, womit unter bestimmten Voraussetzungen, vor allem derjenigen eines Schweizer Arbeitgebers (educationsuisse), eine Weiterversicherung durch die Schweizer Sozialversicherungen möglich ist.

Übersee: Die Schweizer Schulen in Übersee haben ebenfalls die Möglichkeit über eine Anstellung bei einem Schweizer Arbeitgeber unter bestimmten Voraussetzungen ihre schweizerischen Lehrkräfte weiterhin bei der obligatorischen AHV versichern zu können. Auch bei diesen Schulen drängt sich eine Anstellung über die öffentlich-rechtliche Institution auf, damit eine klare Grundlage für die Schweizer Sozialversicherung sowie die Besteuerung der Lehrpersonen geschaffen werden kann. Angestrebt wird ein international rechtsbeständiger Personalstatus für Schweizerlehrpersonen.

Gemäss dem Jahresbericht 2020 war educationsuisse Arbeitgeber von 114 Lehrpersonen an Schweizer Schulen in Europa, wickelte bei weiteren 150 Lehrpersonen in Übersee die Sozialversicherungen und Lohnzahlungen ab und betreute 2 Lehrpersonen an vom Bund unterstützten Schulen (nach Art. 14 SSchG). educationsuisse unterstützt die Schulen auch bei der Stellenausschreibung und vermehrt auch bei der Rekrutierung.

Ausbildungsberatung und Stipendienbetreuung: educationsuisse berät und unterstützt junge Auslandschweizer*innen sowie Schüler*innen der Schweizer Schulen im Ausland, die in der Schweiz eine Ausbildung absolvieren möchten. Die Beratung ist zum grössten Teil unentgeltlich.

* heute Ausbildung in der Schweiz genannt.

Im Berichtsjahr 2015 waren es rund 130 betreute Stipendiendossiers (Erst- oder Erneuerungsgesuche). Diese junge Auslandschweizer*innen wurden bei der Gesuchstellung für eine Berufsausbildung in der Schweiz bei ihrem Heimatkanton unterstützt. Die Betreuung ist besonders wichtig, wenn sie die Sprache ihres Heimatkantons nicht beherrschen und sie sich, ganz neu in der Schweiz, auch erst in die neue und fremde Lebenssituation eingewöhnen müssen.

Ruth von Gunten

Neben den kantonalen Stipendien, welche durch educationsuisse ausbezahlt werden, konnten auch Ausbildungsbeiträge, früher Zusatzstipendien genannt, oder Darlehen durch verschiedene Fonds vergeben werden.

Immer mehr Kantone gewähren den jungen Auslandschweizer*innen aus dem EU-Raum auf Grund des Freizügigkeitsabkommen keine Stipendien mehr. Dadurch wird die Zusammenarbeit mit privaten Stiftungen umso wichtiger. Es freut uns deshalb umso mehr, dass Stiftungen wie die Pestalozzi Stiftung, die Hans-und-Wilma-Stutz-Stiftung und die Pro Patria durch den neuen Pro Patria-Fonds junge Auslandschweizer*innen finanziell unterstützen.

Anja Lötscher

Ruth von Gunten und Anja Lötscher arbeiten hauptsächlich für die Abteilung Ausbildung in der Schweiz von educationsuisse. Diese wird hauptsächlich mit Subventionen des Bundesamtes für Kultur unterstützt.

Beispiel eines Erfahrungsberichts der Stipendiatinnen, erläutert von **Brigitte König**, Jahrgang 1998, aufgewachsen in Paraguay, Heimatkanton Aargau:

Brigitte König

«Ich bin in Paraguay, Südamerika aufgewachsen. Mein Vater hatte auf einer Weltreise meine Mutter kennengelernt und wanderte so nach Paraguay aus. Ihm war es jedoch sehr wichtig, dass wir mit der deutschen Sprache aufwuchsen; so habe ich meine Schulzeit an einer Deutschen Schule verbracht. Die Schulferien ermöglichten es uns öfters in die Schweiz zu reisen, um meine Grosseltern zu besuchen. Dadurch wurde ich mit den Schweizer Traditionen schon früh vertraut. Als ich 16 Jahre alt war, meinte mein Vater, es sei Zeit für mich in die Schweiz zu ziehen, um eine Ausbildung anzufangen. Ich fühlte mich jedoch noch nicht erwachsen genug und war nicht dazu bereit, mein Leben in Paraguay zurückzulassen. 2016, als ich 18-jährige, flog ich dann mit gemischten Gefühlen alleine in die Schweiz. Erst bei meiner Ankunft in der Schweiz, wurde mir bewusst, dass mir ein kompletter neuer Lebensabschnitt bevorstand. Meine Freunde, Familie und meine Beziehungen blieben zurück in Südamerika.

Der traditionelle Paraguayer lebt im Hier und Jetzt und macht sich nicht viele Gedanken über das Morgen. Spontanität ist eine seiner stärksten Eigenschaften und Pünktlichkeit bedeutet in Südamerika ‹Ich bin eine Stunde zu spät›. Die Schweizer Pünktlichkeit ist mir am Anfang schwergefallen gefallen. Jedoch habe ich sie wie andere Schweizer Eigenschaften zu schätzen gelernt, denn vereinfachen sie den Alltag. Es wurde mir auch schnell bewusst, dass die Schweiz ein Land voller verschiedener Kulturen ist. Menschen aus aller Welt, mit verschiedenen Religionen und Sprachen, sind in diesem kleinen Land aufzufinden. Diese multikulturelle Vielfalt gefiel mir und liess mir immer Neues entdecken.

In der Schweiz angekommen, habe ich während der Wintersaison in einem Restaurant auf der Bettmeralp im Service gearbeitet. Viele Mitarbeiter auf der Alp kamen aus aller Welt und ich bekam wenig von der Schweizer Kultur mit. Als die Saison zu Ende ging, zog ich zu meinen Grosseltern und langsam fand ich Anschluss durch Arbeit und Sport. Auch konnte ich Freundschaften knüpfen, die mir meinen Weg erleichterten und bis heute anhalten.

Bettmeralp

Ich war mir nicht sicher, was ich beruflich machen wollte oder in welchen Bereichen ich meine Zukunft sah. Daher entschied ich mich zu einem Praktikum im Service im Altersheim in Rheinfelden. Nach meinem Praktikum habe ich die Ausbildung zur Hotelfachfrau in Basel gemacht, wo ich mir ein Leben aufbauen, Kontakte knüpfen und Freundschaften pflegen konnte. Die Lehre hat mir ermöglicht als Mensch zu wachsen, meine Leidenschaft im organisatorischen Bereich zu finden, Tagesabläufe zu gestalten und bei der Einteilung von Mitarbeitenden mitzuhelfen.

Da ich mich während der Lehre nicht selbst finanzieren konnte, musste ich mich nach einem Stipendium erkundigen. Ich habe mich an verschiedene Stellen gewendet, auch zu meinem Heimatkanton Aargau, bekam aber leider Absagen. Durch meinen Grossvater wurde ich auf educationsuisse aufmerksam. educationsuisse hat mich dabei unterstützt, Stipendien von der Willy-Müller-Förderstiftung und vom Fonds Hans-Freiburghaus der Stiftung für Auslandschweizer zu erhalten. Dank educationsuisse wurde ich selbstständig und konnte die Ausbildung meiner Wahl erfolgreich abschliessen.

Der Umzug in die Schweiz hat mir, im wahrsten Sinne des Wortes, Freiheit geschenkt und mir erlaubt, meinen eigenen Weg zu finden und zu gehen. Die verschiedenen Begegnungen haben mich geprägt und mir geholfen, meine eigene Identität zu finden. Zurzeit arbeite ich in einem Restaurant. Im Herbst 2022 werde ich ein Teilzeitstudium für Soziale Arbeit an der FHNW in Muttenz beginnen und weiterhin als Stellvertretende Chef de Frühstück (50% Pensum) arbeiten.»

Isabelle Chassot, Direktorin BAK (heute Ständerätin des Kantons Fribourg), David Vitali, Leiter Sektion Kultur und Gesellschaft sowie Fiona Wigger-Häusler, wissenschaftliche Mitarbeiterin Sektion Kultur und Gesellschaft, stellten an der Konferenz in Lenzburg die Inhalte der neuen Strategie für die Entwicklung des weltweiten Netzes der Schweizer Auslandschulen vor.

Isabelle Chassot
Direktorin BAK (heute Ständerätin des Kantons Fribourg)

Die BAK-Direktorin erklärte unter anderem:
Für die Weiterentwicklung der Schweizer Auslandsschulen erarbeite das BAK auf der Grundlage des neuen Schweizerschulgesetzes die Strategie ‹Entwicklung des Netzes der Schweizer Schulen im Ausland›.

Aufgrund des Schweizerschulgesetzes kann der Bund künftig Neugründungen finanziell unterstützen. Die neue Strategie dient der Priorisierung des Mitteleinsatzes. Isabelle Chassot stellte die Hauptziele vor:

Das Netz der Schweizer Schulen ist in Schwerpunktregionen zu erweitern.

Die enge Zusammenarbeit mit Auslandsschulen von Nachbarländern der Schweiz soll weiter ausgebaut werden.

Gewinnorientierte Schweizer Privatschulen im Ausland sollen vermehrt die Möglichkeit der Zusammenarbeit nutzen können.

Frau Chassot erinnerte daran, dass die Rolle des Bundes wie bisher subsidiär ist. Der Anstoss für Neugründungen muss durch die Trägerschaft vor Ort erfolgen, diese müssen die notwendigen Vorleistungen erbringen. Die finanzielle Unterstützung des Bundes beschränkt sich auf Investitionsbeiträge für Infrastrukturen wie beispielsweise Baukosten.

David Vitali (Sektionschef BAK) erläuterte die generellen Voraussetzungen gemäss der neuen Strategie: Dichte der kulturellen, politischen und wirtschaftlichen Beziehungen zur Schweiz; Präsenz von Auslandschweizerinnen und Auslandschweizer; Nachfrage nach qualitativ hochstehenden Bildungsangeboten nach Schweizer Vorbild; Attraktivität des Standorts für Schweizer Firmen, die Schwei-

David Vitali
Leiter Sektion Kultur und Gesellschaft

zer Fachkräfte benötigen; Engagement des Partnerlandes und bestehender politischer Dialog zur Berufsbildung. Auf welche Länder fokussiert sich die BAK-Strategie? In Übersee sind das die strategischen Partnerländer der Schweiz: USA, Kanada, Japan, Russland, Indien, China, Südafrika, Südkorea, Indonesien und Australien. Weiter erläuterte Vitali, dass der Bund bei Neugründungen nicht nur eine finanzielle Unterstützung leisten kann, sondern auch die Trägerschaften berät und sich bei den örtlichen Behörden für die Schulen einsetzt.

Fiona Häusler
Bundesamt für Kultur,
Leiterin Dienst Sprachen
und Gesellschaft

Fiona Wigger-Häusler (BAK) gab einen Überblick zu möglichen Projekten für Schulgründungen, von denen das BAK derzeit Kenntnis hat: Es sind dies eine Neueröffnung in Peking und die Umwandlung des Colegio Europeo Panama in eine Schweizerschule. Beide Projekte sind unterschiedlich weit fortgeschritten. Frau Wigger-Häusler zeigte weiter auf, dass die Schweizer Schulen im Ausland nicht nur Bildungseinrichtungen sind, sondern auch Schweizer Kultur vermitteln: «Schweizer Schulen waren und sind schon immer auch Orte für Kulturveranstaltungen und Mehrsprachigkeit gewesen.» sagt Frau Wigger-Häusler und macht darauf aufmerksam, dass die Schulen gemeinsam mit dem BAK viele Synergien im Bereich der Kulturvermittlung nutzen können. So wurden die Schulen dank der Vermittlung des BAK in den Verteiler der Schweizer Kulturstiftung Pro Helvetia bezüglich Vorinformation zu Künstler-Tourneen im Ausland aufgenommen. Dadurch haben sich bereits mehrere Engagements von Schweizer Künstlern an den Auslandsschulen ergeben.

educationsuisse
Neueröffnung in **Peking**

An dieser Abschiedsfeier als Präsident KSA/educationsuisse im Jahr 2016 im Rittersaal auf dem Schloss Lenzburg im Rahmen der Konferenz war auch die Schweizer Botschafterin in Deutschland, Christine Schraner Burgener, ehemalige Botschafterin in Thailand, als eine der Ehrengäste und Referent*innen eingeladen. Auch die Botschafterin, mittlerweile in Berlin, hielt eine kurze Rede:

Christine Schraner Burgener
Schweizer Botschafterin
in Deutschland

«Die Schweizerschulen im Ausland investieren in unsere Zukunft» sagte sie in Ihrer Grussadresse. Sie verfügt über eigene Erfahrungen mit Auslandsschulen, besuchte als Kind die deutsche Schule in Tokio, und die eigenen Kinder drückten während einiger Jahren in der Schweizer Schule Bangkok die Schulbank. «Wir haben ja bereits eine sehr gute Zusammenarbeit mit den deutschen Auslandsschulen. Aber oft sind diese, wie etwa jene in Peking, schon überfüllt. Deshalb finde ich es toll, wenn wir weitere neue Schweizer Auslandsschulen einführen. Schliesslich vermitteln die Schulen Schweizer Kultur und Landessprachen. Und wenn die Schüler*innen ins Heimatland zurückkehren wollen, sichern sie auch den Übergang, dass man dort den Anschluss findet, besonders bei den Hochschulen».

Gemäss einem fast ganzseitigen Artikel in der NZZ (22.03.2022) koordiniert Christine Schraner Burgener, neue Leiterin des Staatssekretariats für Migration, die Flüchtlingswelle aus der Ukraine. Sie kennt aus ihrer früheren Tätigkeit schwierige diplomatische Herausforderungen.

Im Jahr 2004 ist sie Botschafterin in Bangkok, als ein politischer Konflikt in einen Staatsstreich des Militärs mündet. Im August 2015 wechselt sie in die Schweizer Botschaft nach Berlin, wo Angela Merkel fast zeitgleich mit ‹Wir schaffen das› die Richtung in der europäischen Flüchtlingskrise vorgibt. 2018 wird Frau Schraner Burgener Uno-Sonderbeauftragte für Myanmar. Dort geht das Militär brutal gegen die muslimische Minderheit der Rohingya vor und putscht wenig später erfolgreich gegen die Regierung von Aung San Suu Kyi.

Anfang 2022 hat Frau Schraner Burgener nun die Leitung des Staatsekretariats für Migration (SEM) übernommen – ein politisch exponiertes Amt, das ihr Vorgänger Mario Gattiker während eines Jahrzehntes stark geprägt hat.

Abschiedsfeier auf
Schloss Lenzburg 2016.

Die Dachorganisation der Schweizerschulen im Ausland und Beratungsstelle für junge Auslandschweizer*innen hat an ihrer alljährlichen Konferenz ihren langjährigen Präsidenten Derrick Widmer gebührend verabschiedet.

Regula Dettling-Ott
wurde 1997 interimistische KSA Präsidentin

An der spannenden Generalversammlung, die am Rande der Konferenz der Schweizer Schulen im Ausland am 12. Juli 2016 in Lenzburg stattfand, mussten die Vereinsmitglieder von educationsuisse für den abtretenden Präsidenten zwischen zwei hochqualifizierten Kandidaten auswählen. Es standen zur Wahl: Regula Dettling-Ott und Hans Ambühl. **Regula Dettling-Ott** war mit educationsuisse und den Schweizer Schulen schon seit mehr als 20 Jahren eng verbunden und zwar als Vizepräsidentin und Vorstandsmitglied sowie als Gründerin der Schule Cuernavaca in Mexiko. Sie machte als Rechtsanwältin eine steile berufliche Karriere, wurde Professorin für Luftfahrtrecht, ‹Vice President International Relations and Government Affairs› bei der Swiss International Air Lines in Zürich. Anschliessend wurde sie befördert und bei deren Muttergesellschaft ‹Lufthansa› als Vice President EU-Affairs in Brüssel ernannt. Infolge ihrer beruflichen hohen Führungsfunktionen, verbunden mit vielen Reisen und zeitweise Residenz in Brüssel, gab sie ihr Amt als Vizepräsidentin von educationsuisse nach einigen Jahren ab, blieb jedoch im Vorstand von educationsuisse. Sie nahm stets aktiv an den Vorstandssitzungen teil, war jedoch nicht immer in der Lage an allen Sitzungen des Vorstands teilzunehmen. Dies hat ihren Bekanntheitsgrad bei den Schulverantwortlichen geschmälert. Heute ist Regula als Anwältin und ‹Aviation Policy Advisor› in Winterthur tätig. Sie wurde verdienterweise Ehrenmitglied von educationsuisse.

Hans Ambühl, Rechtsanwalt, war seit Januar 2000 Generalsekretär der Schweizerischen Konferenz der kantonalen Erziehungsdirektoren. Er hat diese Tätigkeit dort im März 2017 beendet. Hans Ambühl ist ein profunder Kenner des Schweizer Bildungslandschaft und der Schweizer Politik. Seit 2013 gehört er dem Vorstand von educationsuisse an, wo er sich als aktives Mitglied auszeichnete. Hans Ambühl hat viel zur Harmonisierung des kantonalen Schulsystems beigetragen und sich im Rahmen der Kantonalen Erziehungsdirektorenkonferenz für das Schulprojekt 21 einen Namen gemacht.

Hans Ambühl
Neuer Präsident von
educationsuisse

An der Generalversammlung wählten die Vertreter der Schulen und Mitglieder des Vorstands Hans Ambühl als neuen Präsidenten von educationsuisse. Zu dieser Wahl hat der abtretende Präsident Widmer seinem Nachfolger Hans Ambühl namens der Schulen und des Vorstands gratuliert und ihm viel Erfolg, Befriedigung und alles Gute für das neue Amt gewünscht.

In den educationsuisse News November 2016 wurde vermerkt: Die Dachorganisation der Schweizer Schulen im Ausland und Beratungsstelle für junge Auslandschweizerinnen und Auslandschweizer hat an ihrer alljährlichen Konferenz ihren langjährigen Präsidenten Derrick Widmer gebührend verabschiedet. Dank seinem ausserordentlichen Einsatz entwickelte sich der Verein zu einem schlagkräftigen Verband, der zahlreiche Dienstleistungen für die Schulen erbringt und deren Interessen in der Öffentlichkeit vertritt.

Ruedi Wyder hielt im Schloss Lenzburg die Laudatio für den abtretenden Präsidenten. Bei solchen Anlässen werden in der Regel die
positiven Aspekte der sich verabschiedenden Persönlichkeit über-
höht und die negativen Aspekte unerwähnt. Unter anderem erklärte
Ruedi Wyder das Folgende:

«Derrick Widmer ist 1998 Präsident des damaligen Komitees für
Schweizerschulen im Ausland geworden. Gefunden hat ihn unsere
gut vernetzte Vizepräsidentin Regula Dettling. Sie hat das Amt interimistisch versehen, nachdem der Industrielle Claude Thalmann
unerwartet im Amt verstorben war.

Dass mit Derrick Widmer der richtige Mann zum richtigen Amt gefunden hat, wurde schnell klar. Der neue Präsident hat sich mit Verve
in seine Aufgabe gestürzt. Er hat die Zügel rasch in die Hand genommen und hat sie seither straff geführt. Er hat kraft seiner Persönlichkeit geführt und durch den ihm eigenen Charme alle eingenommen
und mitgenommen.

Als Mann der Wirtschaft ist Derrick Widmer zum KSA gekommen.
Der frühere Holcim-Manager hat das Wirken des KSA durch Kom-
petenz in Management- und Betriebswirtschaftsfragen geprägt. Er
hat – manchmal gegen stöhnende Schulverantwortliche – betriebs-
wirtschaftliches Denken, Controlling und Benchmarking vorange-
trieben. Wäre das unterblieben, wäre die Bundesunterstützung ab-
gestürzt – und mehrere Schulen mit ihr.

Derrick Widmer gratuliert dem neu gewählten Präsident **Hans Ambühl** zu seiner Wahl

Derrick Widmer hat sich als Mann der Kultur erwiesen. Und mehr noch: als Mann mit Kultur, mit breiter Kultur. Die pädagogische Mission der Schulen ist ihm ebenso vertraut und ein Anliegen wie ihre Rolle als Akteur der kulturellen Auslandspräsenz. Wer seinen Parcours als Initiator und Organisator von 20 hochkarätigen Gegenwarts-Ausstellungen in Holderbank kennt, wird sich nicht wundern. Dieser Hintergrund hat ihn bewahrt, die Schulen allein durch die wirtschaftliche Brille zu betrachten. Als Mann des Networking schliesslich hat Derrick Widmer seine grösste Wirksamkeit entfaltet. Ich kenne niemanden mit einem grösseren aktiven und produktiven Beziehungsnetz. Du hast die Latte für Deine Nachfolger sehr hochgelegt. Ich kann ihnen nur zurufen, was auf einem Strebepfeiler des Berner Münsters verewigt ist: ‹Mach's na›!»

Im Verlauf meines 18- jährigen Wirkens für unsere Auslandsschulen wurde mir mehrmals die Frage gestellt: Wie werden die Schulen der Zukunft aussehen? Im Jahresbericht 2015 bin ich bereits auf diese Frage eingegangen. Niall Ferguson, brillanter Harvard Professor für Finanz- und Wirtschaftsgeschichte gab in einem Interview folgende Antwort:

«Die Bildung muss breiter sein, und zwar auf allen Schulstufen, auch an den Universitäten. Um kreativ und innovativ zu sein, sollten junge Menschen sich mit höherer Mathematik auseinandersetzen und zwei bis drei Fremdsprachen erlernen. Ein Verständnis von Musik, von Literatur, von Philosophie – all das ist wichtig. Und Programmieren ebenso. In den Köpfen der Schüler entstehen so Verbindungen zwischen den einzelnen Disziplinen. Das ist die Grundlage für Kreativität. Und diese ist entscheidende für die Jobs der Zukunft».

A

Pascal Affolter
Seite 27

Hans Ambühl
Seiten 52, 92/93, 103,
110/111 und 113

Max D. Amstutz
Seite 44

B

Bernhard Beutler
Seite 34

Ivo Bischofberger
Seiten 84, 85 und 87

Loretta Brodbeck
Seiten 45 und 98

Nadia Brodbeck
Seite 45 und 98

Martin Buchli
Seite 24

Didier Burkhalter
Seiten 77 und 78

C

Andrea Caroni
Seite 68

Isabelle Chassot
Seite 107

Pascal Couchepin
Seiten 23, 25, 68-71
und 73

Regula Dettling-Ott
Seiten 1 bis 3, 110 und
112

Simon Dörig
Seite 34

Rolf Dubs
Seite 64

Paul Fink
Seiten 75, 82, 91 und 95

Rolf Grunauer
Seite 34

Michel Grutter de la Mora
Seite 4 und 5

Kurt Häfeli
Seiten 16-17, 25-26
und 56

Daniel Halter
Seiten 34, 52 und 66

Fiona Häusler
Seiten 91/92, 95, 99, 103,
107 und 108

Thomas Heiniger
Seite 97

Antonio Hodgers
Seite 89

Ambros Hollenstein
Seiten 47 bis 50

Martin Hutzli
Seite 58

Peter Hutzli
Seiten 1 und 64

K

Brigitte König
Seite 105

L

Joachim Lauer
Seite 31

Filippo Leutenegger
Seiten 36 und 38

Elena Legler Donadoni
Seiten 84, 86 und 87

Olivia Lehmann
Seiten 94 und 97

Jean-Francois Lichtenstern
Seiten 75 und 91

David Lingg
Seite 34

Anja Lötscher
Seite 105

M

Sarah Mastantuoni
Seite 92

Hans-Rudolf Merz
Seiten 23, 68 und 69

Rudolf Minsch
Seiten 50 bis 51

P

Andrés Pérez González
Seite 79

R

Iwan Rickenbacher
Seite 19

S

Yvette Sánchez
Seite 96

Ernst ‹Rüebli› Schadegg
Seite 82

Fiona Scheidegger
Seiten 89 und 94

Thomas Schmidheiny
Seiten 59, 62, 63, 69 und 126

Christine Schraner Burgener
Seiten 52 und 109

Pius Segmüller
Seite 60

Uli Sigg
Seiten 76 und 77

Rolf Soiron
Seite 77

Irène Spicher
Seiten 3, 9, 18, 21, 30, 35, 38, 57, 74-75, 90-91, 93 und 94

Miriam Spittler
Seiten 40 und 41

Andrea Spring
Seiten 18, 35, 57 und 94

Barbara Stäuble
Seite 9

Urs Steiner
Seiten 27 und 28

Frank-Walter Steinmeier
Seite 33

Hans-Ulrich Stöckling
Seite 23

Georg Stucky
Seiten 23, 25 und 53

Barbara Sulzer Smith
Seiten 84, 91 und 93

T

Walter Thurnherr
Seiten 17, 42 und 43

Dinh Toan Trung
Seite 66

Heike Toledo
Seite 31

T

Christina Urech
Seiten 84 und 93

V

David Vitali
Seiten 107 und 108

Ruth von Gunten
Seite 105

W

Willi Walser
Seite 64

Roger Wehrli
Seite 50

Ai Weiwei
Seiten 76 und 77

Jörg Wiedenbach
Seiten 27, 58, 99, 101
bis 103

Rudolf Wyder
Seiten 3, 20-23, 42, 53,
61, 78, 91 und 112

Christian Zindel
Seite 49

Peter Zimmerli
Seite 92

Fernando Zuniga
Seiten 36 und 39

Fritz Zurbrügg
Seiten 36 und 37

Patronatskantone der Schulen   Die Patronatskantone beraten die Schweizerschulen im Ausland in pädagogischen und administrativen Belangen.

	Schule	Adresse
Aargau	Curitiba	Departement Bildung, Kultur und Sport des Kantons Aargau Generalsekretariat
Basel-Landschaft	Santiago	Beauftragte für die Schweizerschule Santiago
Basel-Stadt	São Paulo	Erziehungsdepartement Gymnasium Leonhard
Bern	Barcelona Bogotá (deutsche Abteilung)	Erziehungsdirektion Amt für Kindergarten, Volksschule & Beratung
Glarus	Bergamo	Erziehungsdirektion Abteilung Volksschule
Graubünden	Mailand	Erziehungsdirektion
Luzern	Bangkok	Bildungs- und Kulturdepartement Dienststelle Gymnasialbildung

Schaffhausen	Madrid	Erziehungsdepartement
		Dienststelle Primar- und Sekundarstufe I
St. Gallen	Rom	Bildungsdepartement des Kantons
		St. Gallen Amt für Mittelschulen
Tessin	Como	Repubblica e Cantone Ticino
		Divisione della Scuola
Thurgau	Lima	Amt für Volksschule
Valais	Bogotá	Haute Ecole Pédagogique du Valais
	Singapur	
	(sections françaises)	
Zug	Singapur	Amt für gemeindliche Schulen
		Leiter externe Schulevaluation
Zürich	Catania	Bildungsdirektion Volksschulamt
	Madrid	
	Mexiko	
	Cuernavaca	
	Querétaro	
	Peking	

Bangkok	RIS Swiss Section Deutschsprachige Schule Bangkok Thailand Tel. +66 0 2518 0340, 42-44 admin@ris-swiss-section. www.ris-swiss-section.org	
Barcelona	Escuela Suiza de Barcelona Spanien Tel. +34 93 209 65 44 info@escuelasuizabcn.com www.escuelasuizabcn.es	
Bergamo	Scuola Svizzera Bergamo Italien Tel. +39 035 361 974 info@scuolasvizzerabergamo.it www.scuolasvizzerabergamo.it	
Bogotá	Colegio Helvetia Kolumbien Tel. +571 624 73 74 colegio@helvetia.edu.co www.helvetia.edu.co	
Como	Scuola Svizzera di Milano Campus di Cadorago Italien Tel. +39 031 903 297 caslino@scuolasvizzera.it campuscaslino.scuolasvizzera.it	
Catania	Scuola Svizzera Catania Italien Tel. +39 095 447 116 info@scuolasvizzeracatania.it www.scuolasvizzeracatania.it	

Cuernavaca	Colegio Suizo de México Campus Cuernavaca México Tel. +52 777 323 52 52 cv.info@csm.edu.mx www.csm.edu.mx	
Curitiba	Colégio Suíço-Brasileiro Brasilien Tel. +55 41 35 25 9100 chpr@chpr.com.br www.chpr.com.br	
Lima	Colegio Pestalozzi Peru Tel. +511 617 86 00 colsuizo@pestalozzi.edu. www. pestalozzi.edu.	
Madrid	Colegio Suizo de Madrid Spanien Tel. +34 91 650 58 18 secretaria@colegiosuizomadrid.com www.colegiosuizomadrid.com	
Mailand	Scuola Svizzera di Milano Italien Tel. +39 02 655 57 23 info@scuolasvizzera.it www.scuolasvizzera.it	
Mexiko	Colegio Suizo de México Campus México CDMX México Tel. +5255 55 43 78 62 cdmx.info@csm.edu.mx www.csm.edu.mx	

Peking	Swiss School in Beijing China Tel. +86 10 5986 5588 info@swiss-school-beijing.ch ssbj.wab.edu	
Querétaro	Colegio Suizo de México Campus Querétaro México Tel. +52 442 254 33 90 qro.informacion@csm.edu.mx www.csm.edu.mx	
Rom	Scuola Svizzera di Roma Italien Tel. +39 06 440 21 09 info@scuolasvizzeradiroma.com www.scuolasvizzeradiroma.com	
Santiago	Colegio Suizo de Santiago Chile Tel. +56 2 2379 27 27 info@css.cl www.css.cl	
São Paulo	Escola Suíço-Brasileira de São Paulo Brasilien Tel. +55 11 5682 2140 esbsp@esbsp.com.br	
Singapur	Swiss School in Singapore (SSiS) Singapur Tel. +65 6468 2117 info@swiss-school.edu.sg www.swiss-school.edu.sg	

Der Autor

Derrick Widmer studierte Rechtswissenschaften an der Universität Bern, an der University of Chicago Law School, an der Universität von Mexico D.F. und Wirtschaft an der Harvard Business School, Cambridge USA. Er ist ehemaliger Direktor bei Holcim Group Support, Oberst der Militärjustiz a. D., Gründer und langjähriger Präsident der Swiss-Indian Chamber of Commerce, des Komitees für Schweizer Schulen im Ausland (educationsuisse), des Aargauisches Sinfonieorchesters, ehemaliges Vorstandsmitglied von Stiftungen für Entwicklungsarbeit in Lateinamerika und ehemaliger Honorarkonsul der Republik Kasachstan.

Derrick Widmer studied jurisprudence at the University of Bern, The University of Chicago Law School, the University of Mexico D.F., and business at the Harvard Business School. He is past director of the Swiss Holcim Cement Group Support, former president of a Swiss military court with the rank of colonel. Other credits include: founder and long-time president of the Swiss-Indian Chamber of Commerce, former Honorary Consul to the Republic of Kazakhstan, former President of the 18 Swiss Schools Abroad (educationsuisse), President of the Argovia Philharmonie Orchestra, and Vice-president of the Swiss-Russian Forum. Additionally, he served on the board of two foundations dedicated to raising scholarships for talented youth from under-privileged backgrounds.

Dieses Buch wurde in einer limitierten Auflage von 800 Exemplaren gedruckt. 336 Seiten

© 1994 «Holderbank» Management & Beratung AG

Von links: Ursi Luginbühl, Karl Gerstner, Bernhard Luginbühl, Daniel Spoerri und Dieter Roth

Herausgeber und Vorwort: Derrick Widmer

1981 Rolf Iseli
1982 Bernhard Luginbühl
1983 Dieter Roth
1984 André Thomkins
1985 Daniel Spoerri
1987 Dieter Roth & Ingrid Wiener & mit Björn und Vera Roth
1988 Karl Gerstner
1989 Alfred Hofkunst, Sabine Schroer
1990 Robert Müller
1991 Kunstzug, Franz Anatol Wyss mit Gérard Dufresne
1992 Dieter Roth, Björn Roth Collaborations mit Ingrid Wiener & Richard Hamilton
1993 Hedi Katharina Ernst und Familie Thomas Schmidheiny
1994 Bernhard Luginbühl, Ursi Luginbühl, Brutus Luginbühl, Jwan Luginbühl und Jean-Robert Schaffter

Eine Publikation der «Holderbank» Management & Beratung AG anlässlich ihres 25jährigen Jubiläums.

Kunstausstellungen «Holderbank» 1995 – 2000

Herausgeber und Vorwort: Derrick Widmer

1995 Der geduldige Planet
1996 Hedi Katharina Ernst –
      Raymond Sanders
1997 Christo und Jeanne-Claude
1998 Internationale Zeitgenossen:
      Biefer/Zgraggen, Louise Bourgeois,
      Angela Bulloch, Stan Douglas, Marlene
      Dumas, Fischli/Weiss, Dan Flavin,
      Robert Gober, Dan Graham, Fabrice
      Hybert, Richard Jackson, Rachel
      Khedoori, Martin Kippenberger,
      Jeff Koons, Paul McCarthy, Bruce
      Naumann, Nam June Paik, Raymond
      Pettibon, Sigmar Polke, Jason Rhoades,
      Gerhard Richter, Ugo Rondinone,
      Dieter Roth, Roman Signer, Wolfgang
      Tilmans und Franz West
1999 John Armleder
2000 Tony Cragg

Eine Publikation der «Holderbank»
Management & Beratung AG.

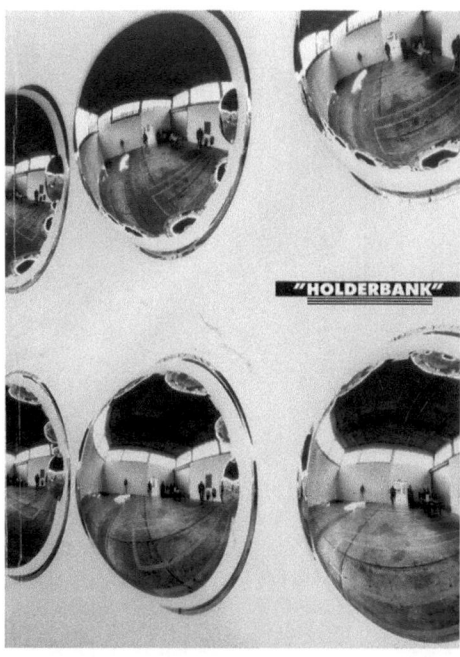

Dieses Buch wurde in einer limitierten Auflage von 500
Exemplaren gedruckt. 264 Seiten

© 2000 «Holderbank» Management & Beratung AG

Umschlagbild: John Armleder

Derrick Widmer

Die Chronik
einer angekündigten
Bluttat

68 Seiten
© 1997 Derrick Widmer

Der Verfasser arbeitete als junger Mann ein knappes Jahr als Gerichtsschreiber i.V. am Obergericht des Kantons Bern. Dabei konnte er in dieser Funktion auch an einem brutalen Mordfall – der Angeklagte hatte bereits früher eine Frau getötet – an einer interessanten, aber bedrückenden Verhandlung am sogenannten «Geschwornengericht» teilnehmen; dies ermöglichte ihm fast 50 Jahre später aufgrund von Notizen eine umfassende und authentische Darstellung des Geschehens vor einem Bernischen Gericht in den 1960er Jahren zu verfassen. Geprägt wurde dieses Gericht unter der Leitung eines Oberrichters durch das Zusammenwirken von drei Berufsrichtern und acht Laienrichtern. Die Laienrichtern, die neben ihrer richterlichen Tätigkeit ihren Hauptberuf als Angestellte, Arbeiter, Handwerker, Hausfrau, Landwirt und so weiter nachgehen, kannten die aus vielen hundert Seiten bestehenden Akten nicht, so dass alle Zeugen und Experten vorgeladen werden mussten. Die Laienrichter waren unbefangen, unabhängig, kritisch und manchmal auch aufmüpfig. So hatten sie jedenfalls Mühe zu verstehen, weshalb ein Mörder nach acht Jahren Verwahrung auf Grund eines psychiatrischen Gutachtens wieder frei herumlaufen und noch einen zweiten grausamen Mord an einer Frau begehen konnte. Im Jahr 1996 fand das letzte Verfahren vor einem bernischen Geschwornengericht statt. Es ist zu bedauern, dass mit der Abschaffung der Geschworenengerichte in der Schweiz die unmittelbare Brücke zwischen Justiz und Volk abgerissen wurde.

America in the early 1960s – a love story

Derrick Widmer's tale of life at the University of Chicago Law School. 55 years ago is not just about law and university life, but also indirectly about the American experience. He throws light not just on his own personal adventures during his student days but especially on how much life has changed in the United States. Jack Kennedy was then President. The Cuban Missile Crisis, with its profound impact on East-West relations, happend when he was a student at the University of Chicago.

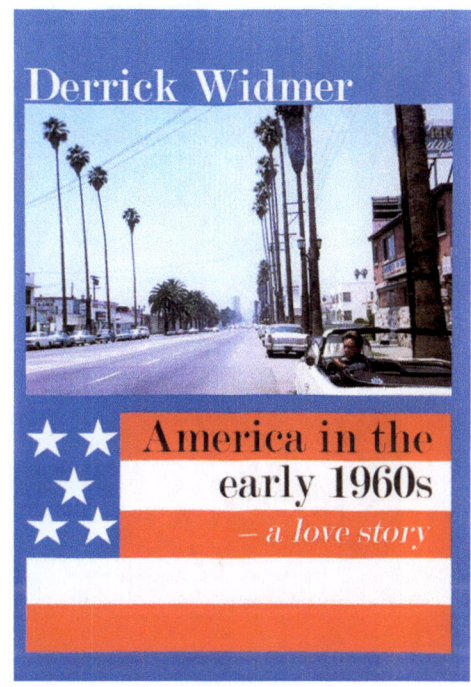

Available online at www.lulu.com
ID: 5390230
128 pages
© 2009 Derrick Widmer

ISBN 978-3-99003-757-7
318 Seiten
© 2011 novum publishing Gmbh

Erinnerungen an ein abenteuerliches Leben auf dem 38. Breitengrad in Korea 1964

Nach dem heute fast vergessenen grausamen Koreakrieg (1950-1953) beschliesst die Schweizer Regierung 1953 eine Delegation von Armeeangehörigen als Massnahme zur Überwachung des Waffenstillstandsvertrags nach Korea zu schicken. Derrick Widmer ist 1964 einer von ihnen.

Der Vergleich zwischen damaligem und heutigem Korea gibt dem Leser einen guten Einblick auf die enormen Umwälzungen der letzten fünfzig Jahre in Asien und Zugang zu fremden Kulturen und Bräuchen. Die persönlichen Erlebnisse und Beobachtungen des Autors und seine authentischen Briefe an seine Eltern machen das Buch zu einem lebendigen Zeitdokument.

Privatisierung, Oligarchen, Zementbeteiligungen, Mafia und Wodka

15 Monate nach dem Untergang der Sowjetunion im Dezember 1991 reist Derrick Widmer mit seinem Assistenten auf Einladung des Alfa Investmentfonds nach Moskau. Das politische und wirtschaftliche Klima ist zerrüttet und im Umbruch: Die dramatische Liberalisierung der Preise und die schockartige Privatisierung der staatlichen Unternehmen via Auktionen mit Vouchers (Anteilscheinen) verhelfen den ehemaligen Roten Direktoren zu Aktienmehrheiten und haben ihren Aufstieg zu sogenannten Oligarchen zur Folge.

Voraussetzung, dass diese Privatisierung für die furchtlosen Geschäftsleute (Bisessmeni) zu einer Goldgrube wurde, waren gute Beziehungen zu einflussreichen Politikern, Geheimdienstleuten und auch Kontakte zum organisierten Verbrechen. Ein Aktienpaket wog manchmal mehr als ein Menschenleben.

Derrick Widmer erlebte diese wilden Jahre der frühen 1990er-Jahre der nachsowjetischen «Transformationsökonomie» als Zeitzeuge und gibt in seinem Buch faszinierende Einblicke in Begegnungen mit bekannten Politikern, Oligarchen und Bankern und Anwälten. Er erfährt Russland nach dem Kalten Krieg nicht mehr als Feind, sondern als Freund und aus seinen Erfahrungen entwickelt sich ein besseres Verständnis für das riesige Land, das russische Denken und die russische Seele.

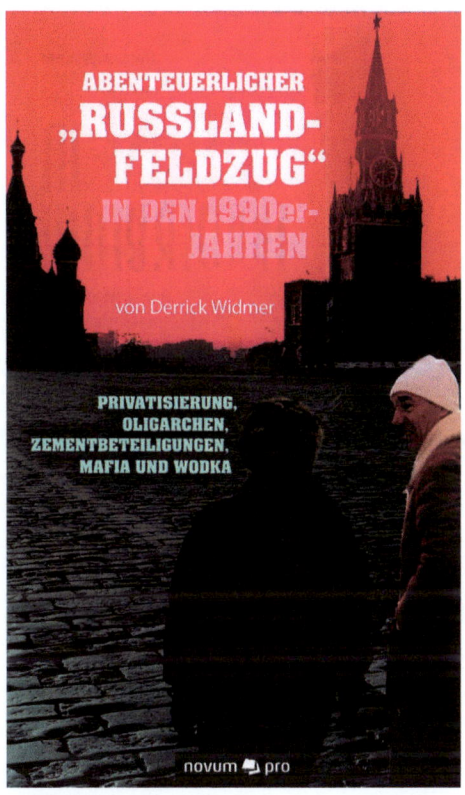

ISBN 978-3-99026-605-2
186 Seiten (D)
© 2012 novum publishing Gmbh

Post-Soviet Russia in the Adventurous 1990's – the Wild Decade, Privatization, Oligarchs, Mafia and Vodka
ISBN 978-3-99026-605-0
186 pages (E)
© 2012 novum publishing gmbh

ISBN 978-3-99048-074-8
302 Seiten
© 2015 novum publishing Gmbh

Begegnungen mit grossen Künstlern und ihren Werken – 20 Kunstausstellungen

Wie aus einem Zementkonzern in der Schweiz ein Mekka für Kunstinteressierte wurde. Derrick Widmer arbeitete über 30 Jahre im internationalen Holderbank-Zementkonzern (Holcim) und hatte seit seiner Jugend eine Passion für Kunst. Deshalb begann er, die kahlen Betonwände mit Kunst zu schmücken und kleine Vernissagen abzuhalten. Die Ausstellungen wurden jedoch immer zahlreicher und grösser und zogen mit der Zeit Kunstinteressierte aus der ganzen Schweiz und dem benachbarten Ausland an. Holderbank war plötzlich nicht nur mehr Zement und Beton.

It's not the length of a life that decides whether it was a good life. It's by how much love we were remembered that really matters. Urs Fueter

Die Jugendzeit an Hand von Fotos, Dokumenten und Erinnerungen im Alter darzustellen, ruft gemischte Gefühle hervor: Glückliche und weniger glückliche Momente – auch wenn wir vier Kinder unseres Vaters insgesamt eine schöne und privilegierte Jugend erleben durften.

260 Seiten
© 2016 Derrick Widmer und Silvia Widmer

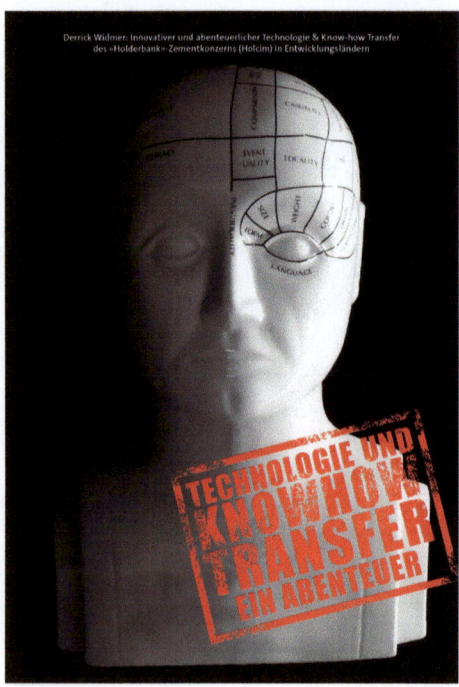

164 Seiten
© 2020 Derrick Widmer

Derrick Widmer: Innovativer und abenteuerlicher Technologie & Know-how Transfer des «Holderbank»-Zementkonzerns (Holcim) in Entwicklungsländern

Investitionen in der Zementindustrie haben naturgemäss langfristigen Charakter. Sie erheischen nicht nur hohe Kapitalaufwendungen, sondern auch den Einsatz von sehr erheblichem und spezifischem Know-how in technologischer, organisatorischer und kaufmännischer Hinsicht. Frühzeitig wurde «Holderbank» mit den Problemen konfrontiert, wie man in Ländern ohne ausgebautes Bildungswesen Managementfähigkeiten (im weitesten Sinn) sowie Fachkenntnisse für Meister und Arbeiter übertragen und in relativ kurzen Zeiträumen «aus einheimischem Boden» entwickeln kann.

Investitionen in Entwicklungsländern sind nur tragfähig, wenn mit ihnen ein Transfer mit entsprechendem Know-how verbunden ist. Insbesondere technologische Kenntnisse sind meistens nicht vorhanden und müssen über Jahre systematisch aufgebaut werden. Dies ist – im Gegensatz zum Verkauf eines Patentes oder speziellen Verfahrens – ein komplexer Vorgang, der aber in hohem Masse und dauernd zur Entwicklung dieser Länder beiträgt. Das Ziel ist in jedem Fall möglichst rasch weitgehend einheimisches Management einzusetzen und entsprechend auszubilden. Der Einsatz der Spezialisten aus Industrieländern bleibt nach Möglichkeit auf das technische Kader und insbesondere auf die Startphase einer neuen Anlage beschränkt.

A Memoir 1965 – 2020

In my latest book, I am describing my adventures between 1965 – 2020 on my many trips to India. My installation as the first President of the Swiss-Indian Chamber of Commerce was a key propeller for my deliberate interest in the affairs of India. This position granted me the privilege and honor to come in close proximity and touch with some of the most distinguished men and women of India from diverse streams of life. They frankly, lit my desire and penchant to know more and more about India's geopolitical, economic, and social figuration. The exquisite pictures in the book will give you a flair for that incredible country.

I will be pleased if you get tempted to take these trips with me. You can order the book directly from Novum Publishing (www.novumpublishing.com) or Amazon.

ISBN: 978-3-99107-842-5
162 Seiten
© 2021 novum publishing gmbh

Der Autor

Derrick Widmer studierte Rechtswissenschaften an
der Universität Bern, an der University of Chicago
Law School, Universität von Mexico D. F. und an
der Harvard Business School, Cambridge, USA. Er
ist ehemaliger Direktor bei Holcim Group Support,
Oberst der Militärjustiz a.D., Gründer und langjähriger
Präsident der Swiss-Indian Chamber of Commerce,
Honorarkonsul der Republik Kasachstan, Präsident
von educationsuisse (17 Schweizer Schulen im
Ausland) und Vorstandsmitglied von Stiftungen
für Entwicklungsarbeit in Lateinamerika. „Kunst
in Holderbank" ist die dritte Veröffentlichung des
Autors im novum Verlag.

novum VERLAG FÜR NEUAUTOREN

Der Verlag

"*Wer aufhört
besser zu werden,
hat aufgehört
gut zu sein!*

Basierend auf diesem Motto ist es dem novum Verlag
ein Anliegen, neue Manuskripte aufzuspüren, zu ver-
öffentlichen und deren Autoren langfristig zu fördern.
Mittlerweile gilt der 1997 gegründete und mehr-
fach prämierte Verlag als Spezialist für Neuautoren in
Deutschland, Österreich und der Schweiz.

**Für jedes neue Manuskript wird innerhalb we-
niger Wochen eine kostenfreie, unverbindliche
Lektorats-Prüfung erstellt.**

Weitere Informationen zum Verlag und
seinen Büchern finden Sie im Internet unter:

www.novumverlag.com